Ryuho Okawa

Spirituelles Interview mit
dem Schutzwesen von Angela Merkel

Ryuho Okawa

# Spirituelles Interview mit dem Schutzwesen von Angela Merkel

## Enthüllung ihrer wahren Absichten, Visionen und Herausforderungen

Aufgenommen am 28. September 2018
in der Speziellen Vortragshalle von
Happy Science, Tokio, Japan

Die Originalausgabe erschien 2018 unter dem Titel
„Spiritual Interview with the Guardian Spirit of
Angele Merkel"
bei IRH Press Co., Ltd., Tokio.

1. Auflage 2019
Copyright © Ryuho Okawa 2018
German Translation © Happy Science 2019

Original Title
„Spiritual Interview with the Guardian Spirit of
Angele Merkel"
© Ryuho Okawa 2018

Deutsche Übersetzung © Happy Science 2019
© der deutschsprachigen Ausgabe 2019
bei Happy Science

Herstellung & Verlag: BoD™
– Books on Demand, Norderstedt

Printed in Germany
ISBN 978-3-748-16776-1
www.happy-science.de

# INHALTSVERZEICHNIS

# VORWORT

Am 7. Oktober 2018 hielt ich in Berlin einen englischen Vortrag mit dem Titel „Liebe für die Zukunft". Dieses Buch enthält die spirituelle Botschaft des Schutzwesens von Bundeskanzlerin Merkel, die etwa 10 Tage vor diesem Vortrag in Tokio aufgezeichnet wurde, mit dem Ziel, ihre wahren Gedanken zu finden.

Die grundlegende Denkweise und Mentalität von Bundeskanzlerin Merkel wurde in diesem Buch offenbart. Außerdem zeigt es deutlich, warum ihre Denkweise im Widerspruch zum amerikanischen Präsidenten Donald Trump steht.

Ich selbst dachte, dass Frau Merkel im Wesentlichen eine Physikerin aus der DDR sei, aber nachdem ich herausgefunden hatte, dass sie in ihrem früheren Leben ein großer und ehrbarer deutscher Philosoph war, wurde mir alles klar. Die zukünftig am längsten amtierende Kanzlerin und „Chefin" der EU ist ebenfalls eine Philosophin im Kampf zwischen Theorie und Praxis.

In den gestrigen Nachrichten kündigte Merkel ihren Rücktritt als Parteichefin an, nachdem sie bei den Landtagswahlen zweimal hintereinander verloren hatte. Ihre Amtszeit als Kanzlerin endet im Herbst 2021, bis dahin wünsche ich ihr von Herzen viel Glück.

30. Oktober 2018
Meister & Vorsitzender der Happy Science Gruppe
Ryuho Okawa

# Angela Merkel (1954 - heute)

Eine deutsche Politikerin, die in Westdeutschland geboren wurde. Nach dem Umzug in die sozialistische DDR wurde ihrem Vater, einem Pastor, eine Stelle in einer Kirche in Ostberlin angeboten, wo sie dann ihre ersten Jahre verbrachte. Merkel studierte Physik an der Karl-Marx-Universität Leipzig (heute Universität Leipzig) und arbeitete nach ihrem Abschluss an der Akademie der Wissenschaften, wo sie ihre Forschungen in der theoretischen Physik fortsetzte. Nach dem Fall der Berliner Mauer 1989 begann Merkel, sich für Politik zu interessieren und wurde 1990 erfolgreich bei der Bundestagswahl gewählt. Im Jahr 2000 wurde sie zur Vorsitzenden der Christlich-Demokratischen Union (CDU) ernannt. Im Jahr 2005 wurde Merkel zur Bundeskanzlerin Deutschlands gewählt; momentan befindet sie sich in ihrer vierten Amtszeit. Sie ist die erste weibliche Kanzlerin der deutschen Geschichte. In der Forbes-Liste der 100 mächtigsten Frauen der Welt belegt Merkel seit sieben Jahren den ersten Platz.

## Interviewer von Happy Science

### Masayuki Isono

Geschäftsführender Direktor, Leiter des Büros für die Förderung der Missionsarbeit im Ausland, Stellvertretender Generalsekretär, Erste Sekretariatsabteilung, Hauptsitz für religiöse Angelegenheiten

### Jiro Ayaori

Geschäftsführer, Generaldirektor der Abteilung Zeitschriftenredaktion, Chefredakteur von „The Liberty", Dozent an der Happy Science University

### Hanako Cho

Stellvertretende Generaldirektorin der Abteilung Zeitschriftenredaktion, Dozentin an der Happy Science University


\* Die Interviewer werden in der Reihenfolge aufgeführt, in der sie im Transkript erscheinen. Ihre Berufsbezeichnungen repräsentieren ihre Positionen zum Zeitpunkt des Interviews.

Dieses Buch ist die Abschrift eines spirituellen Interviews mit dem Schutzwesen der deutschen Bundeskanzlerin Angela Merkel.

Diese spirituellen Botschaften wurden durch Ryuho Okawa empfangen. Bitte beachten Sie jedoch, dass sich seine Art, spirituelle Botschaften zu empfangen, aufgrund seines hohen Erleuchtungsgrades grundlegend von der anderer psychischer Medien unterscheidet, die sich in Trance befinden und vollständig von den Geistwesen übernommen werden, die sie leiten.

Jede menschliche Seele hat in der Regel sechs Seelengeschwister, von denen eines als Schutzwesen des auf Erden lebenden Menschen fungiert. Die auf der Erde lebenden Menschen sind auf der innersten unterbewussten Ebene mit ihren Schutzwesen verbunden. Sie sind ein Teil der Seelen der Menschen und spiegeln daher genau deren Gedanken und Weltbild wieder.

Es sei darauf hingewiesen, dass diese spirituellen Botschaften Meinungen der einzelnen Geistwesen sind und den Ideen oder Lehren der Happy Science Gruppe widersprechen können.

# KAPITEL EINS

## INSPIRATION FÜR EIN ERSTAUNLICHES SPIRITUELLES INTERVIEW

*Ryuho Okawa*: Wir möchten das Schutzwesen von Bundeskanzlerin Angela Merkel zu einem spirituellen Interview einladen. Wie Sie wissen, ist sie die mächtigste Frau der Welt. Meine Inspiration sagt mir, dass heute ein erstaunlicher Tag sein wird, und dass Sie am Ende dieser Sitzung zur gleichen Schlussfolgerung kommen werden. Wenn Sie genug Macht haben, um mit ihr zu sprechen, sind Sie meiner Meinung nach sehr respektable Menschen.

Tatsächlich kann ihr Schutzwesen Japanisch sprechen, aber das ist ein Geheimnis. Wir müssen also eine Lektion in Englisch abhalten, damit ich nicht Japanisch spreche [lacht]. Ich werde mein Bestes tun, aber sie kann Japanisch verstehen. Okay? Dann werde ich sie anrufen.

[Atmet tief durch.]

*Ryuho Okawa*: Könnte ich das Schutzwesen von Angela Merkel rufen? Könnte ich das Schutzwesen von Angela Merkel in Deutschland herbeirufen? Schutzwesen der Kanzlerin, würden Sie bitte herunterkommen? Das Schutzwesen von Angela Merkel.

[Etwa 12 Sekunden Stille.]

# KAPITEL ZWEI

# „MEIN ZIEL IST ES, EINE ORGANISATION FÜR DEN WELTFRIEDEN ZU SCHAFFEN"

*Angela Merkels Schutzwesen*: Äh. Guten Morgen.

*Masayuki Isono*: Guten Morgen. Sind Sie das Schutzwesen von Bundeskanzlerin Merkel?

*Merkels Schutzwesen*: Ja.

*Isono*: Vielen Dank, dass Sie heute zu Happy Science gekommen sind. Wir sind so froh, dass Sie hier sind. Ich bin so aufgeregt, mit Ihnen zu sprechen. Ich danke Ihnen vielmals.

*Merkels Schutzwesen*: Bleiben Sie cool.

*Isono*: Cool bleiben? Gut sein?

*Merkels Schutzwesen*: Cool. Cool.

*Isono*: Okay. Cool bleiben.

*Merkels Schutzwesen*: Benehmen Sie sich.

*Isono*: Okay. Mich benehmen. Okay. Sie wurden 2005 die erste Kanzlerin. Seit 13 Jahren regieren Sie Deutschland, das mächtigste Land der EU.

*Merkels Schutzwesen*: Danke, danke, vielen Dank.

*Isono*: Ich respektiere Sie so sehr. Und Sie sind bekannt als die mächtigste Dame der Welt, also ist meine erste …

*Merkels Schutzwesen*: Was bedeutet „Dame"?

*Isono*: Dame? Nein, nein, ich… [Lacht.]

*Jiro Ayaori*: Wollen Sie damit sagen, dass Sie wie ein Mann erscheinen… [Lacht.]

*Merkels Schutzwesen*: Mächtigste „Person".

*Isono*: Person. Es tut mir leid. Ich habe einen Fehler gemacht. Sie sind also die mächtigste „Führerin" der Welt.

*Merkels Schutzwesen*: Okay. Besser.

*Isono*: Okay. Danke. Also, meine erste Frage ist: „Was ist die Quelle Ihrer Führung?"

*Merkels Schutzwesen*: Denken. Äh, Nachdenken.

*Isono*: Nachdenken.

*Merkels Schutzwesen*: Weiterdenken.

*Isono*: Das …

*Merkels Schutzwesen*: Und treffen Sie gute Entscheidungen. Das ist alles.

*Isono*: Also, wenn Sie Entscheidungen treffen, welche Kriterien oder welche Denkweise haben Sie?

*Merkels Schutzwesen*: Erstens, immer weiter lernen. Als nächstes höre ich mir die Meinungen berühmter Persönlichkeiten an und höre dann den einfachen Menschen zu. Und schließlich, hören Sie bitte auf die Stimme Gottes und Ihre eigenen Gedanken. Gehorchen Sie Ihrem Gewissen und treffen Sie eine Entscheidung. Okay?

*Isono*: Ja, vielen Dank.

*Ayaori*: Sie haben gesagt, dass man auf die Stimme Gottes hören soll. Könnten Sie uns Ihren Standpunkt zum Glauben mitteilen?

*Merkels Schutzwesen*: Standpunkt des Glaubens? Formal bin ich Christin. Formal. Traditionelle Christin.

*Isono*: Okay.

*Merkels Schutzwesen*: In Deutschland.

*Isono*: Aber…

*Merkels Schutzwesen*: „Aber"? Aber? Nein, das ist eine Schlussfolgerung, also nein.

*Isono*: Nein?

*Hanako Cho*: Was für einen Glauben haben Sie im Moment?

*Merkels Schutzwesen*: Ich glaube an GOTT. Gott in Großbuchstaben.

*Isono*: G-O-T-T?

*Merkels Schutzwesen*: Oh, ja.

*Isono*: Also glauben Sie an den Schöpfer?

*Merkels Schutzwesen*: Ja, nicht nur an Jesus Christus, sondern auch an GOTT. „GOTT" in Großbuchstaben.

*Cho*: Bedeutet das El Cantare?

*Merkels Schutzwesen*: Ihr nennt ihn so, aber es muss die Schlussfolgerung sein, also fragen Sie mich nie zu viel.

*Ayaori*: Okay. Um ehrlich zu sein, Ihr …

*Merkels Schutzwesen*: Ich kann Ihr Englisch verstehen, also können Sie auf Japanisch denken und schlechtes Englisch sprechen. Okay?

*Isono*: Nein, nein, nein, er spricht wirklich gut englisch.

*Merkels Schutzwesen*: Wirklich?

*Isono*: Ja.

*Merkels Schutzwesen*: Entschuldigung, Entschuldigung. Es tut mir leid.

*Ayaori*: Es ist in Ordnung. Ich danke Ihnen vielmals. Ihr Beliebtheitsgrad …

*Merkels Schutzwesen*: Ich kann Ihr Englisch nicht verstehen.

*Ayaori*: [Lacht.] Ihr…

*Merkels Schutzwesen*: Ihre Übersetzung ist sehr schwierig. Ist das Russisch oder…

*Isono*: Nein.

*Ayaori*: … der Beliebtheitsgrad ist …

*Merkels Schutzwesen*: Be… Be… Beliebt…?

*Ayaori*: Beliebtheit.

*Merkels Schutzwesen*: Beliebtheit?

*Ayaori*: Beliebtheitsgrad.

*Merkels Schutzwesen*: Beliebtheitsgrad?

*Ayaori*: Ihr Beliebtheitsgrad fällt …

*Merkels Schutzwesen*: Fallen.

*Ayaori*: … jetzt.

*Merkels Schutzwesen*: Fall in Love?

*Ayaori*: Nein, nein, nein. „Fallen." Entschuldigung. Ihre politische Macht schwindet.

*Merkels Schutzwesen*: Ah, ich habe es verstanden. Sie meinen …

*Ayaori*: Es tut mir leid.

*Merkels Schutzwesen*: … er sinkt?

*Ayaori*: Ja. Ja.

*Merkels Schutzwesen*: Mein Unterstützungsgrad …

*Ayaori*: Unterstützungsgrad.

*Merkels Schutzwesen*: Ah, jetzt verstehe ich. Ihr Japanisch ist sehr schwierig zu verstehen, also… es tut mir leid.

*Ayaori*: Ihre politische Macht schwindet momentan.

*Merkels Schutzwesen*: Schwindet ... Oh, beleidigen Sie mich?

*Ayaori*: Nein, nein, nein, nein. Diese Situation ist für Sie sehr ernst. Wie sehen Sie Ihre politische Situation?

*Merkels Schutzwesen*: Es ist okay. Ich bin alt genug. Ich bin 64. Jetzt ist es an der Zeit, dass ich diese schmutzige Welt verlasse. Ich werde bis zum Ende meiner Amtszeit mein Bestes geben, aber ich mag diese schmutzige und zu emotionale Welt der Politik nicht.[1] Ich habe eine logische Art von Physik oder dergleichen studiert, also mag ich diese schmutzige Welt nicht.

*Ayaori*: Was ist Ihr Ziel als Politikerin oder Kanzlerin? Was wollten Sie als Bundeskanzlerin Deutschlands erreichen?

*Merkels Schutzwesen*: Mein Ziel ist es, die Welt zu einer einzigen Organisation zu machen, natürlich für den Weltfrieden.

---

[1]   Am 29. Oktober, Wochen nach diesem spirituellen Interview, kündigte Bundeskanzlerin Merkel ihren Rücktritt als Parteivorsitzende der CDU an. Sie wird ihr Kanzleramt bis zum Ende ihrer Amtszeit im Herbst 2021 fortsetzen und sich daraufhin aus der Politik zurückziehen.

*Ayaori*: Eine Organisation?

*Merkels Schutzwesen*: Ja, die EU ist der erste Schritt. Und der nächste Schritt ist eine Weltorganisation, die mächtiger ist als die momentanen Vereinten Nationen.

*Ayaori*: Das klingt für mich wie Totalitarismus.

*Merkels Schutzwesen*: Oh, nein, nein, nicht so. Nein, nein, nein, nein. Alle Länder sind gleichberechtigt und unabhängig, aber sie können ihre ernsten Probleme an einem gemeinsamen öffentlichen Ort besprechen, darüber diskutieren, und nach ihrem bewussten... sie haben... sie haben bewusst... hmm... wütend, nein, nein, nein... warum ist Englisch so schwierig... ziemlich, oder... nein, nein, nein... dringend... nein, nein... streiten... indem sie viel streiten, können sie zu einem Entschluss kommen. Dann sollten sie dem Entschluss der Mitglieder gehorchen. Das ist meiner Meinung nach kein Totalitarismus.

*Cho*: Wie sehen Sie die jüngste Rede von Präsident Trump vor den Vereinten Nationen? Er betonte die Souveränität jedes Landes mehrfach.

*Merkels Schutzwesen*: Aha, er ist ein Schurke, also will er tun, was er will. Er bedroht die Welt. Das ist seine Art. In gewisser Weise wird eine solche Person zum Zeitpunkt der Krise benötigt, aber in der üblichen Zeit müssen wir meiner Meinung nach gute Gespräche führen. Ich denke, er ist zu viel egozentriert. Wenn die EU mehr Macht hätte, könnten wir ein gleichberechtigtes Gespräch mit ihm führen, aber er hat mehr Macht, wodurch es schwieriger wird.

Er teilt momentan die Welt und ich denke, er will zurück ins Kriegszeitalter, in die Kriegszeit des Mittelalters. Wir befinden uns aber in der Ära der Demokratie. Er versteht die Demokratie nicht. Er will nur gewinnen, was problematisch ist.

*Cho*: Aber Trump rief dazu auf, die Unabhängigkeit jedes Landes zu respektieren. Und sie…

*Merkels Schutzwesen*: Nein, nein. Das ist nur Show. Nein, nein.

*Cho*: Er will wirklich, dass jedes Land die Verantwortung für seinen eigenen Wohlstand trägt.

*Merkels Schutzwesen*: Ja, ja, ja, das ist wahr. Es stimmt.

*Cho*: Ich denke, das klingt vernünftig. Was halten Sie von seiner Haltung?

*Merkels Schutzwesen*: Alle Länder müssten oder sollten gleich sein, aber die Stärken hinsichtlich der Politik, Wirtschaft und Führungskräfte sind sehr unterschiedlich. Nicht alle Länder sind momentan gleichauf.

Wir brauchen also eine Art, wie soll ich sagen, eine Art Hilfe für schwächere Länder, schwächere Führer und Länder, in denen Armut herrscht. Daran denkt er nicht. Seine „America First"-Politik wird für das amerikanische Volk erfolgreich sein, aber ich bin davon überzeugt, dass sie dabei die Weltordnung zerstören wird.

# KAPITEL DREI

# ANSICHTEN ÜBER TRUMP, XI JINPING UND PUTIN

*Isono*: Sie scheinen eine harte Einstellung oder einen strengen Standpunkt gegenüber Präsident Trump aus den Vereinigten Staaten zu haben. Wie können Sie also die Beziehungen zwischen den Vereinigten Staaten und Deutschland oder der EU gestalten?

*Merkels Schutzwesen*: Die Vereinigten Staaten, sie sind in New York, also stehen sie unter der Kontrolle der Vereinigten ... äh, die Vereinten Nationen stehen unter der Kontrolle der Vereinigten Staaten von Amerika, also sind sie nicht neutral, denke ich. Der Feind Amerikas ist auch ein Feind der Vereinten Nationen.

Wir brauchen ein Gleichgewicht. Das Gleichgewicht muss natürlich zwischen den Vereinigten Staaten und der EU und möglicherweise auch der asiatischen Macht entstehen. Die asiatische Macht kommt logischerweise zu dem Schluss, dass das Gleichgewicht von Japan und China hergestellt werden muss. In naher Zukunft muss die afrikanische Macht auch mit berücksichtigt werden.

*Isono*: Wie wollen Sie gute Beziehungen zwischen den Vereinigten Staaten von Amerika und der EU aufbauen?

*Merkels Schutzwesen*: Erstens muss Herr Donald Trump lernen, dass das amerikanische Recht nicht das Weltgesetz oder das allgemeine Gesetz im Sinne von Kosmopolitismus und Völkerrecht ist. Amerikanisches Recht ist kein internationales Recht.

Das Gleiche gilt auch für China. Das chinesische Recht ist kein internationales Recht. Xi Jinping versteht diese Wahrheit nicht. Sowohl Xi Jinping als auch Donald Trump, und dazu noch der russische Präsident Putin. Auch er kann es nicht verstehen. Die russische Herrschaft ist die Weltherrschaft, denkt er. Diese Diktaturen müssen die Möglichkeit haben, etwas über die Welt, die Weltgeographie und die Grundregeln des Völkerrechts zu erfahren. Sie haben in diesem Punkt einen Defekt. Sie haben nicht genug allgemeines Recht in sich.

Wenn ich von allgemeinem Gesetz spreche, dann ist es nicht bloß eine einfache Floskel; mein allgemeines Gesetz ist ein Gesetz des Gewissens und natürlich das Gesetz Gottes. Gott hilft nicht nur den Vereinigten Staaten. Gott unterstützt die ganze Welt, alle Länder der Welt. Donald Trump spricht vom amerikanischen Volk, meint aber den amerikanischen Profit, aber das ist nicht genug. Es ist ein Teil des allgemeinen Gesetzes. Ein weiteres allgemeines Gesetz ist erforderlich, um anderen Ländern und anderen Nationen anderer Religionen, denen sie angehören, zu helfen. Das fehlt ihnen. Selbst wenn sie göttliche Natur und charismatische Persönlichkeit haben, sind sie deshalb Götter auf Stammesebene, Gott in Kleinbuchstaben, denke ich.

*Isono*: Danke. Da Sie von den führenden Politikern der Welt gesprochen haben, könnten Sie uns sagen, was Sie vom chinesischen Präsidenten Xi Jinping und vom russischen Präsidenten Putin halten?

*Merkels Schutzwesen*: Xi Jinping ist ein schwieriger Mensch, würde ich sagen. Wenn Sie ihn zum Feind haben wollen, ist es leicht, ihn wütend zu machen, und das wird in naher Zukunft einen neuen Krieg auslösen. Aber er ist sehr nett zu seinen Freunden. Er hat zwei Gesichter, also brauchen wir eine Art Verständnis zwischen Xi Jinping und uns, den Weltführern. Er ist ein schwieriger Mensch.

Aber wenn man sich in die Weltgeschichte vertieft, hat die China-Ära fast die Hälfte der Welt in Anspruch genommen, denke ich, besonders in diesen 2.000 Jahren. Also müssen wir glauben, dass das Zeitalter Chinas in naher Zukunft kommt, in dem China wieder 50 Prozent der Welt bedeckt. Wir müssen dieses Zeitalter begreifen. Aber in einer anderen Situation können wir China im Namen der Vereinten Nationen oder im Namen der Beziehungen zwischen der EU, Japan, den Vereinigten Staaten und Russland kontrollieren, glaube ich.

Und Sie wollten etwas über Vladimir Putin erfahren?

*Isono*: Ja.

*Merkels Schutzwesen*: Ah, hmm. Ich denke, dass er einer der Diktatoren ist. Seine Diktatur ist sehr geschickt, denke ich, also schätze ich ihn für sein Können, aber sein Verständnis von Demokratie beträgt vielleicht etwa **50** Prozent. Er muss viel von anderen demokratischen Ländern lernen. Er war Mitglied des KGB, also trägt er sehr viel Misstrauen in sich. Er kann sich nicht auf andere Länder verlassen. Er ist geneigt zu denken, dass sie Feinde sind, was ein Problem darstellt. Es ist wie in China.

Aber ich hatte mehrere Gespräche mit ihm und er ist ein sehr kluger Mann. Er kann denken und er kann selbst neue Regeln aufstellen. Also kann sich das Land Russland in jede Richtung entwickeln, wenn er will. Das Wichtigste ist meiner Meinung nach die Informationen, die er von anderen Führern der Welt erhält.

Ich halte die Isolation Russlands für schlecht. Durch die von uns, den Vereinigten Staaten, der EU und Japan, verhängten Wirtschaftssanktionen wird er isoliert, aber das ist eine nicht so gute Richtung.

# KAPITEL VIER

## KÖNNEN WIR DAS REGIME VON CHINA, EINEM GOTTLOSEN LAND, ÄNDERN?

*Ayaori*: Sie sagten, dass die Vereinten Nationen, die Vereinigten Staaten, Japan und die EU China kontrollieren können. Bedeutet das, dass wir das chinesische Regime ändern können?

*Merkels Schutzwesen*: [Schnalzt mit der Zunge.] Ah, es ist schwierig, da ihnen das Konzept von Gott fehlt. Das ist ein Problem. Xi Jinping ist Gott. Natürlich ist Gott selbst in den Geschichten der Menschheit erschienen, aber im Bereich der Politik ist dies sehr gefährlich, denke ich.

Ein menschgewordener Gott kann in unseren Geschichten zwar akzeptiert werden, aber normalerweise muss er oder sie dafür ein starker Führer sein, der die Denkweise der Menschen verändert. Die praktische politische Macht ist nicht der Zustand Gottes und die Existenz der Macht Gottes selbst. Ich denke, dass diese politische Macht die gesammelte Macht der Menschen repräsentieren muss.

*Ayaori*: Was halten Sie von der Unterdrückung religiöser Gruppen in China, wie z.B. Christen und Moslems? Was halten Sie von der Verletzung der Menschenrechte in China?

*Merkels Schutzwesen*: [Seufzt.] Es ist schwierig. Das kommunistische Einparteiensystem leugnet Gott und die Religion. Sie betrachten Religion als LSD oder etwas Drogenähnliches. Außerdem betrachten sie die Religion als Gedankenkontrolle, oder die Quelle der Gedankenkontrolleure. Also können religiöse Führer ihr Volk mental kontrollieren, was daraufhin normalerweise die politische Macht konfrontiert und Verwirrung und Konflikte erzeugt. Das ist der Grund, warum er keine Religionen mag.

Der Grund dafür liegt in der Geschichte Chinas, in der es oftmals politische Revolutionen gab, die durchgehend von religiösen Führern angeleitet wurden. Das sind ihre eigenen Bedingungen, also ist es schwierig, ihn umzustimmen.

Er hat zum Beispiel Angst vor der ... wie sagt man ... „Horinko"-Gruppe (Falun Gong) oder christlichen Gruppen in China. Sie haben mehr als hundert Millionen Einwohner. Es geht um die kommunistischen Mitglieder Chinas. Es ist schwierig, damit umzugehen, also fürchtet er religiöse Gruppen. Sie von Happy Science werden als nächstes dran sein.

*Ayaori*: Deutschland hat eine gute wirtschaftliche Beziehung zu China aufgebaut, aber in einer spirituellen Botschaft von Jesus Christus …

*Merkels Schutzwesen*: Jesus Christus. In Ordnung.

*Ayaori*: … und in seiner Botschaft sagte er: „Was mögen Sie, Geld oder Gott?"[2]

*Merkels Schutzwesen*: Geld natürlich.

*Ayaori*: „Geld natürlich"? [Lacht.]

---

[2]  Am 25. September 2018, drei Tage vor diesem spirituellen Interview, veranstaltete der Autor im Hauptsitz von Happy Science eine Frage-Antwort-Runde mit dem Titel „Jesus Christus antwortet auf Englisch". In dieser Sitzung beantwortete Jesus Christus Fragen in Form einer spirituellen Botschaft. Während der Sitzung befragte einer der Interviewer Jesus bezüglich der immer stärker werdenden wirtschaftlichen Beziehungen zwischen Deutschland und dem atheistischen China. Er antwortete daraufhin mit der Gegenfrage „Was mögen Sie, Geld oder Gott?"

*Merkels Schutzwesen*: Ja. Gott sagte: „Liebe die Armut." Also ist er böse.

*Ayaori*: Aber Sie haben gesagt, Sie glauben an Gott.

*Merkels Schutzwesen*: Ja, ja. Der wohlhabende Gott ist gut. Das sagt der Protestantismus, wissen Sie?

*Isono*: Es ist wahr. Es ist wahr.

*Merkels Schutzwesen*: Es ist wahr.

*Cho*: Wie sehen Sie die Politik von Präsident Trump, die der chinesischen Wirtschaft Zölle auferlegt? Es scheint, als wolle er die chinesische Wirtschaft schwächen, um die militärische Expansion zu stoppen.

*Merkels Schutzwesen*: Ähm, der Effekt wird halb und halb sein. Einerseits hat es natürlich Einfluss, aber andererseits wird es die Menschen in der Welt immer ärmer und ärmer machen, weil sie mehr Geld ausgeben müssen, um gewöhnliche Dinge wie Lebensmittel, Autos, elektronische Geräte oder anderes zu kaufen. Also ist es nicht so gut für die Menschen.

*Isono*: Was halten Sie vom Plan des Präsidenten Xi Jinping, der „One-Belt-One-Road"-Initiative?

*Merkels Schutzwesen*: Hmm, es ist sein Ehrgeiz. Wenn er ein Gott ist, wäre es eine gute Politik. Wenn er ein Satan ist, wäre sie nicht gut. Diese „Straße" symbolisiert sein Ziel, die Länder, die sich neben oder auf dem Gürtel oder der Straße befinden, dazu zu bringen, sich ihm zu unterwerfen. Er will diese Länder erobern. Wenn er ein Satan wäre, wäre es nicht gut. Wenn er ein Gott wäre, wäre es eine gute Sache. Das kommt darauf an. [Lacht.]

*Isono*: Glauben Sie, dass Präsident Xi ein Gott oder ein Satan ist?

*Merkels Schutzwesen*: Vielleicht ein gewöhnlicher Mensch.

*Isono*: Ein gewöhnlicher Mensch?

*Merkels Schutzwesen*: Mhm.

*Isono*: Oh. Sie sehen in Präsident Xi also nur einen gewöhnlichen Menschen.

*Merkels Schutzwesen*: Eine gewöhnliche Person, die aber Willenskraft besitzt. Seine Kraft, zu denken und seine Träume zu verwirklichen, ist stark. Sie gehört sowohl zu Gott als auch zu Satan.

*Isono*: Deutschland scheint den chinesischen Plan, ich meine die One-Belt-One-Road-Initiative von Präsident Xi, zu unterstützen. Habe ich Recht?

*Merkels Schutzwesen*: Ja, weil er oder China eine Menge Mercedes Benz gekauft hat. Wir haben von China profitiert. Also verlieren wir nicht; wir haben Geld von China bekommen. Aber China wird die Innenwirtschaft dazu bringen, Mercedes-Benz zu kaufen und zu verkaufen und … darüber weiß ich nichts. Diesbezüglich habe ich keine Bedenken und habe nichts damit zu tun. Aber die Beziehung zu diesem Land war für uns sehr profitabel. Also ist es nicht so schlimm.

*Ayaori*: Im vergangenen Jahr wies Meister Ryuho Okawa darauf hin, dass es möglich ist, dass die EU und China gleichzeitig zusammenbrechen.[3]

---

[3]  Am 1. Februar 2017 erwähnte der Autor den möglichen Zusammenbruch der EU und Chinas gleichermaßen. Siehe Yuta Okawa, *Gendai Doitsu Seiji Gairon* (wörtlich: Eine Übersicht der modernen Politik Deutschlands) (Tokio: IRH Press, 2017).

*Merkels Schutzwesen*: Hahahaha, oh, nein, nein, nein!

*Ayaori*: Was ist Ihre Prognose?

*Merkels Schutzwesen*: Nein, nein. Zur gleichen Zeit!?

*Ayaori*: Zur gleichen Zeit.

*Merkels Schutzwesen*: Wer will das tun?

*Ayaori*: Äh …

*Merkels Schutzwesen*: Trump?

*Ayaori*: Ja, Trump will die chinesische Wirtschaft zum Zusammenbruch bringen.

*Merkels Schutzwesen*: Er wird bei der nächsten Wahl verlieren.

*Ayaori*: Wie lautet Ihre Prognose für die chinesische Wirtschaft?

*Merkels Schutzwesen*: Hmm … Jetzt befinden sie, also die Vereinigten Staaten und China, sich in der Situation eines Handelskrieges. Beide werden im Endeffekt verlieren. Ich fürchte also, dass eine Weltwirtschaftsrezession aus diesem Konflikt resultieren wird. Das kann passieren.

*Isono*: Sie haben Physik an der Universität studiert.

*Merkels Schutzwesen*: Äh, ja.

*Isono*: Und einige Leute bemängeln, dass Sie nicht viel Wissen oder Verständnis bezüglich Wirtschaft haben.

*Merkels Schutzwesen*: Natürlich, das stimmt. Das ist richtig.

*Isono*: Stimmen Sie zu?

*Merkels Schutzwesen*: Ich stimme zu. Da habe ich keine großen Bedenken. Aber ich kann einfach die Zahlen lesen. Sie sind schwarz oder rot. Ja? Ich kann die Zahlen einer abgeschlossenen Bilanz nachlesen.

*Isono*: Also, Ihr grundlegendes oder fundamentales Verständnis von Ökonomie ist schwarz oder rot?

*Merkels Schutzwesen*: Ja, das stimmt.

*Isono*: Ist das alles?

*Merkels Schutzwesen*: Ja. Ja, mein physikalischer Verstand sagt das.

# KAPITEL FÜNF

## GIBT ES GUTE STRATEGIEN FÜR DIE DEUTSCHE WIRTSCHAFT?

*Cho*: Meister Okawa sagte, dass die EU nicht gedeihen wird, wenn Deutschland nicht stark in der EU ist. Also denke ich, dass die deutsche Wirtschaft sehr wichtig ist. Haben Sie gute Wirtschaftsrichtlinien?

*Merkels Schutzwesen*: Oh, ich bin zu freundlich zu schwächeren Menschen. Ich bemühe mich zu viel, die Flüchtlinge aus Afrika und Syrien und das türkische Volk zu retten. Das wird die deutsche Wirtschaft schwächer und schwächer machen, sagen sie. Aber ich habe ein Gewissen in mir, das über die Wirtschaft hinausgeht. Ich muss ihnen helfen. Ich denke nur, dass ich viel Geld von China bekomme und damit Flüchtlingen helfe. Das ist alles. Sehr intelligent und einfach.

*Isono*: Ja. Es ist sehr einfach.

*Cho*: Aber als die Wirtschaftskrise eintrat ... als 2010 die griechische Schuldenkrise stattfand, hat Ihr Land nicht wirklich geholfen.

*Merkels Schutzwesen*: Oh, ich bin Physikerin, also kann ich zu diesem Zeitpunkt meine Position verlassen, womit ich kein Problem habe.

*Ayaori*: Sie bestehen nachdrücklich darauf, eine Sparpolitik gegenüber anderen Ländern der EU einzuführen. Das wirkt sich negativ aus ...

*Merkels Schutzwesen*: Negative Auswirkungen? Was meinen Sie damit?

*Ayaori*: ... auf die EU-Wirtschaft.

*Merkels Schutzwesen*: Was meinen Sie mit negativen Auswirkungen? Ich kann Ihr Englisch nicht verstehen. Was sind negative Auswirkungen?

*Ayaori*: Viele andere Länder haben nicht genug Budget, sodass sie ihre Wirtschaft nicht steuern können.

*Merkels Schutzwesen*: Aber ich sage, dass jedes Land wie Griechenland – das eine kleine und schwache Wirtschaft hat – sich alleine behaupten muss. Das habe ich gesagt. Sie sagten, es sei zu kalt oder unfreundlich, aber ich habe diese Denkweise von Meister Ryuho Okawa gelernt, also denke ich, dass sie richtig ist.

*Cho*: Bezüglich Ihrer Einwanderungspolitik habe ich kürzlich erfahren, dass etwa ein Fünftel der Menschen in Deutschland Einwanderer aus anderen Ländern sind. Deshalb sind viele rechtsgerichtete Parteien wie die AfD, die Alternative für Deutschland, entstanden und mächtig geworden. Was halten Sie von dieser Bewegung Deutschlands?

*Merkels Schutzwesen*: Hmm. In gewisser Weise war es vorhersehbar. Aber ich bin die Liebe der Welt [lacht], also muss ich schwächeren Menschen helfen. Meister Okawa wird bald nach Deutschland kommen[4] und er wird dasselbe sagen. „Den Menschen in der Welt, den Armen, zu helfen; das ist die Mission der Religion. Happy Science wird Deutschland also viel Geld zur Verfügung stellen." Das wird er sagen. „Ich werde viel Geld von Japan nach Deutschland bringen", wird er sagen – das muss er sagen.

---

[4]    Am 7. Oktober 2018 hielt der Autor einen Vortrag mit dem Titel „Liebe für die Zukunft" und eine anschließende Frage-Antwort-Runde im Ritz Carlton Hotel, Berlin, Deutschland.

*Cho*: Ich denke, einer der Gründe, warum die Unterstützungsrate Ihrer Partei sinkt, ist Ihre Einwanderungspolitik. Glauben Sie, dass Sie über Ihre Einwanderungspolitik nachdenken müssen, um mehr Macht in Ihrer Partei zu erlangen?

*Merkels Schutzwesen*: Mhm. Um die Wahrheit zu sagen, ich selbst, als Mensch, lebe gerne arm. Dies führt meiner Meinung nach zum intellektuellen Leben. Zu viel Geld zu verdienen, schwächt das Gehirn und das Denken der Menschen. Also denke ich tatsächlich und aus tiefstem Herzen, dass zu viel Geld ein Gift ist.

*Isono*: Wollen Sie damit sagen, dass Sie Reichtum im Grunde Ihres Herzens hassen?

*Merkels Schutzwesen*: In Wirklichkeit bin ich keine Politikerin. Ich denke wie eine Physikerin, also mag ich keine weltlichen Probleme. Donald Trump ist ein sehr weltlicher Mensch, wissen Sie? Er ist gut darin, Geld zu verdienen und zu benutzen, mit Mädchen zu spielen, und einfach so Land und Gebäude zu kaufen und zu verkaufen. Er ist gut in solchen weltlichen Angelegenheiten. Aber um die Wahrheit zu sagen, ich mag solche Dinge nicht. Ich will nur nachdenken.

# KAPITEL SECHS

## WOHER KAM DER NAZISMUS?

*Isono*: OK. Sie haben erwähnt, dass Sie ein Gewissen haben. Deshalb wollen Sie armen Menschen helfen.

*Merkels Schutzwesen*: Ja.

*Isono*: Ist es mit der deutschen Geschichte verbunden, ich meine, mit dem Nazismus?

*Merkels Schutzwesen:* Oh, ich stehe ganz im Gegensatz zum Nazismus. Ich hasse ihn. Ich hasse auch Nietzsche, Heidegger und Hegel. Diese Art von Gedanken schafften und unterstützten ein totalitäres System. Normalerweise sagt man: „Es war Karl Marx' Fehler", aber es stammt tatsächlich aus der hegelschen Philosophie. Die nächsten waren Nietzsche und Heidegger.

Also rechtfertigten deutsche Philosophien den Totalitarismus und Hegels göttliche Philosophie schürte das Auserwählten-Denken in Deutschland und machte so den Antisemitismus möglich. Ich denke, dass der Antisemitismus seinen Ursprung in dieser Art von hegelschem und nietzscheanischem Denken findet.

*Cho*: Gibt es einen Philosophen, den Sie bewundern?

*Merkels Schutzwesen:* Hmm. Buddha ist nicht so schlecht. Er ist kein Philosoph, aber das ist nicht so schlimm. Jesus Christus hätte natürlich ein Problem: Wenn er heutzutage leben würde, wäre er vielleicht ein Flüchtling, ein Türke, Syrer, Ägypter oder Libyer. Ohne Besitztümer und Geld, um Essen bettelnd.

*Isono*: Ich denke, Deutschland ist im wirtschaftlichen Sinne wohlhabend, aber Deutschland hat keinen zentralen mentalen oder philosophischen Grundsatz. Welche Art von Philosophie oder Denkansatz …

*Merkels Schutzwesen:* Nein, nein, nein. Wir brauchen so einen Grundsatz nicht. Martin Luther, einer der einflussreichsten Reformatoren des Protestantismus, sagte von Anfang an: „Gehört keinen Kirchen an. Gehört nicht dem römisch-katholischen Glauben oder einem Papst an. Du selbst gehörst zu Gott, indem du die deutsche Übersetzung des Neuen Testaments liest. Bitte lies die deutsche Übersetzung des Neuen Testaments und gehöre selbst zu Gott, in jeder Familie." Das ist der Ausgangspunkt unserer Religion, wodurch jeder in diesem Sinne unabhängig ist. Wir brauchen kein Grundsatzdenken.

# KAPITEL SIEBEN

## „MEIN TRAUM FÜR DAS NÄCHSTE JAHRHUNDERT IST EINE REGIERUNG AUF GLOBALER EBENE"

*Ayaori*: Welche Visionen haben Sie für die Zukunft der EU oder Deutschlands?

*Merkels Schutzwesen*: Um die Wahrheit zu sagen, ich bin nicht so stark im Aufbau einer neuen Wirtschaft. Ich bin in Westdeutschland geboren, aber in Ostdeutschland aufgewachsen. Also wurde ich selbst stark durch den altmodischen russischen Stil von Politik und Wirtschaft beeinflusst. Deshalb ist es sehr schwierig. Ich bin Donald Trump nicht ähnlich, weshalb ich nicht so gut im Handeln bin. Vor mir gab es Margaret Thatcher in Großbritannien. Sie war gut im Handeln, weil sie ein Mädchen aus einer Familie mit einem kleinen Laden war, aber ich bin es nicht.

Ich habe einen Traum und eine Theorie, aber beide sind sehr rein, weshalb die Leute mir nicht folgen können, denke ich. Dennoch hoffe ich, dass mein Traum im nächsten Jahrhundert wahr werden wird.

*Cho*: Was ist Ihr Traum?

*Merkels Schutzwesen*: Mein Traum ist es, viele Nationen zu versammeln, Gespräche zu führen, Entscheidungen zu treffen und ihnen zu folgen. Und jedes Land, jede Nation ist gleich, aber sie alle glauben an Gott und hassen den Krieg. Ich denke, ein solches System ist essenziell.

*Ayaori*: Wer wird zu diesem Zeitpunkt Ihr Gott sein?

*Merkels Schutzwesen*: Oh. Der Gott der Erde.[5]

*Ayaori*: Sie meinen also, wir sollten im nächsten Jahrhundert eine einzige Regierung haben?

*Merkels Schutzwesen*: Hmm, dieser Ausdruck ist irreführend, also… müssen wir über eine Regierung auf globaler Ebene nachdenken. Es ist

---

[5] Happy Science hat die Existenz von El Cantare, dem Gott der Erde, der an der Schöpfung der Menschen auf der Erde beteiligt war und die höchste Autorität auf der Erde hat, offenbart. Siehe *Das Gesetz der Sonne* und *Das Gesetz des Glaubens* (beide geschrieben von Ryuho Okawa [Berlin: IRH Press, 2017, 2018]).

nicht wie das Einparteiensystem der Kommunisten. Es ist ganz anders. Wir brauchen Gespräche. Wir müssen viel über die Meinungen anderer Länder nachdenken.

Aber es gibt auch ein Problem, wenn ein Land nur eine Stimme hat: Die schwächeren Länder haben viele Einwohner, sodass es im wirtschaftlichen Sinne für stärkere Länder wie Japan, die Vereinigten Staaten, Großbritannien, Deutschland oder Frankreich unrentabel ist.

*Ayaori*: Meinen Sie, dass sich die Vereinten Nationen in eine Weltregierung verwandeln werden?

*Merkels Schutzwesen*: Hmm, es wäre eine Möglichkeit. Aber um die Wahrheit zu sagen, fehlt den Vereinten Nationen das Budget und die oberste Führungsebene sowie Spitzenführer, da die Führungskräfte der Vereinten Nationen aus unbedeutenden Drittweltländern ausgewählt werden, wie z.B. Südkorea. Nicht der Präsident oder der Premierminister, sondern Personen auf Außenministerebene werden gewählt. Ihre Managementleistung ist also nicht so hoch, was ein Problem darstellt. Der amerikanische Präsident blickt in der Regel auf den Generalsekretär der Vereinten Nationen herab. Vielleicht kommt diese Person auf Außenministerebene aus den schwachen Ländern.

*Cho*: Was halten Sie vom Konzept der Souveränität? Auch der Brexit ist passiert, weil viele Briten die Entscheidungen ihres Landes selbst treffen wollten. Das ist hier wirklich das Problem.

*Merkels Schutzwesen*: Es ist nicht so gut. Das ist Isolationismus und ein egozentriertes Denken wie das von Donald Trump. Sie behalten ihr eigenes Geld und haben Angst, ihr Geld an schwächere Länder der EU, afrikanische oder islamische Länder zu verlieren.

Das Vereinigte Königreich flieht also mit seinem Geld aus der EU. Das bedeutet eine zu große Belastung für Deutschland und Frankreich. Das ist meiner Meinung nach der Anfang des Zusammenbruchs der EU.

*Cho*: Also meinen Sie, dass das Konzept der Souveränität oder des Nationalismus nicht mehr wichtig ist?

*Merkels Schutzwesen*: Hmm, in gewisser Hinsicht ist es wichtig. Souveränität und Nationalität sind wichtig. Die Verwaltung der EU ist sehr schwierig. Ich habe Schwierigkeiten in vielen Sprachen und natürlich in den Traditionen und Kulturen jeder Nation gehabt. So waren die Schwierigkeiten von Anfang an vorprogrammiert.

Aber wir müssen uns gegen diese Art von Verwirrung wehren. Wir müssen diese Verwirrung überwinden. Wir können voneinander lernen. Um ehrlich zu sein, mag das deutsche Volk das französische Volk, das britische Volk, das amerikanische Volk, das russische Volk und das japanische Volk nicht. Diese sind im wirtschaftlichen und militärischen Sinne starke Länder. Wir können also nicht gut schlafen, wenn sie immer stärker werden.

*Cho*: Aber durch die Globalisierung hat auch Ihr Land Arbeitsplätze verloren. Auch in Deutschland nimmt die Diskrepanz zwischen den Besitzenden und Nicht-Besitzenden zu. Also, was halten Sie von dieser Situation in Deutschland?

*Merkels Schutzwesen*: Oh, zu dieser Zeit will ich Physik studieren, Bücher lesen, wandern und Spaß haben, während ich klassische Musik höre. Ich habe viel gearbeitet. Es ist genug. Die nächste Person trägt also die Last der anderen Länder. Es liegt außerhalb meiner Macht.

# KAPITEL ACHT

## WAS MERKELS SCHUTZWESEN ÜBER DIE NATIONALE SICHERHEIT DENKT

*Isono*: Ich möchte Sie zu Ihrer Auffassung von militärischer Macht befragen.

*Merkels Schutzwesen*: Militärmacht?

*Isono*: Da Sie den Krieg hassen, wollen Sie keinen Krieg …

*Merkels Schutzwesen*: Oh.

*Isono:* Natürlich wollen wir keinen Krieg, aber einige Leute sagen: „Wir können den Krieg stoppen, weil wir Verteidigungsmacht haben." Sind Sie damit einverstanden?

*Merkels Schutzwesen*: Wenn die Vereinigten Staaten das Budget für ihre Waffen aufgeben würden, könnten sie theoretisch der Armut in der ganzen Welt helfen. Das können sie. Aber gleichzeitig müssten auch China und Russland ihre Streitkräfte aufgeben. Wenn Russland diese

Art von Rüstungsbudget aufgegeben hat, kann auch die EU diese Art von Budget reduzieren, und es zum Zwecke der Unterstützung armer Menschen weltweit verwenden.

Fast mehreren Milliarden von Menschen fehlt es jeden Tag an Nahrung, also könnten wir ihnen helfen. Wir werden sie, beispielsweise das afrikanische Volk, bezüglich der Technologie für die Friedensstiftung unterrichten und ihnen beibringen, wie sie ihre eigenen Einnahmen aus der Nation und dem Budget erzielen können. Zu diesem Zeitpunkt wollen wir zu ihnen sagen: „Seid unabhängig." Also denke ich, dass die Kürzung des militärischen Budgets, ich meine, dessen Reduktion vorerst unerlässlich ist.

*Isono*: Wie kann man die Weltführer davon überzeugen, ihre militärische Macht aufzugeben?

*Merkels Schutzwesen:* Der Engpass ist das Hintler-Ding. Wir können nicht zu viel darüber sagen. Sie, d.h. die Länder, die uns umgeben, sagen normalerweise: „Sie sind das gefährlichste Land." Das sagen sie. „Sie haben Adolf Hitler hervorgebracht und die Welt zerstört", also können wir uns keine Meinung dazu erlauben. In dieser Hinsicht befinden wir uns in der gleichen Situation wie Japan. Es ist jedoch an der Zeit, darüber nachzudenken. Adolf Hitler wurde in Österreich geboren, also [lacht] nicht in Deutschland.

*Ayaori*: Präsident Trump schlägt vor, dass Deutschland seinen Militärhaushalt auf zwei bis vier Prozent des BIP anheben sollte. Was halten Sie von diesem Vorschlag?

*Merkels Schutzwesen*: Donald Trump ist gut darin, über Geld nachzudenken, also hasse ich ihn. Wir brauchen kein Geld, um unser Land zu verteidigen. Es ist viel billiger, den Frieden und Gott zu lieben.

*Isono*: Ich denke, die westlichen Länder fürchten Russland, weil Russland ihr Feind im Kalten Krieg war, also …

*Merkels Schutzwesen*: Ja, Feind. Ja, in der Tat ein Feind.

*Isono*: Wenn Sie also Ihr Land und die EU schützen wollen, brauchen Sie meiner Meinung nach die NATO. Aber Sie wollen das NATO-System nicht unterstützen?

*Merkels Schutzwesen*: Ah, das NATO-System [schnalzt mit der Zunge]. Es kostet eine Menge.

*Isono*: Ja, das tut es.

*Merkels Schutzwesen*: Hauptziel ist Russland, also ist es schwierig. Russland hat viele Atomwaffen, deshalb muss sich die NATO vor Russland schützen.

Wir haben China gewählt, um Geld zu verdienen und ein Gleichgewicht zwischen Russland und der EU herzustellen. Wenn wir gute Beziehungen zu China haben, dann können uns die EU und China vor Russland schützen.

*Isono*: Denken Sie vielleicht, dass die EU und China ein Bündnis haben werden?

*Merkels Schutzwesen*: China ist weit von Europa entfernt, weshalb wir es nicht für gefährlich halten. Aber Russland hat viel für die EU und die europäischen Länder getan. Ein paar Mal griff Napoleon Russland an, wurde dadurch aber ruiniert. Auch Hitler griff Russland an und wurde dadurch ruiniert. Sie sind stark und jedes Mal waren sie Feinde Europas. Sie denken expansionistisch. Sie brauchen Zugang zu nicht-gefrorenem Meer, das ist meiner Meinung nach der Grund. Gebt ihnen Ihre nördlichen Inseln, einschließlich Hokkaido. Sie werden glücklich sein, da sie das Meer nutzen können.

# KAPITEL NEUN

## ANSICHTEN ÜBER KONFUZIANISMUS UND PREMIERMINISTER ABE

*Cho*: Im Hinblick auf die militärische Bedrohung Chinas; obwohl China weit weg von Europa liegt, werden die Technologien deutscher Unternehmen tatsächlich von chinesischen Unternehmen gestohlen.

*Merkels Schutzwesen*: Ja, das ist wahr. Das ist wahr.

*Cho*: Denken Sie nicht, dass das eine Bedrohung ist?

*Merkels Schutzwesen*: Sie kaufen Mercedes-Benz, also bekommen wir genug zurück.

*Isono*: Aber sie haben Ihr geistiges Eigentum gestohlen.

*Merkels Schutzwesen*: Ja, das stimmt.

*Isono*: Was halten Sie davon?

*Merkels Schutzwesen:* In gewisser Weise hat Donald Trump in dieser Hinsicht Recht. Xi Jinping oder das chinesische Volk verstehen nicht, dass sie stehlen. Sie sagen: „Alle Länder der Welt haben China bestohlen. Sie haben jede Erfindung Chinas gestohlen."

*Ayaori*: Papier und …

*Merkels Schutzwesen*: Ja, ja, Papier und Schwarzpulver …

*Isono*: Um Feuer zu entfachen?

*Merkels Schutzwesen*: Ja, ja. Feuer, viele Philosophien und weitere Dinge. „China wurde gestohlen", sagen sie. „Europa ist ein unterentwickeltes Land. Japan auch", sagen sie. „Amerika ist ein neues Land, nur 200 oder 300 Jahre alt. China hat eine 5.000 Jahre alte Geschichte. Das sagen sie. Sie haben in gewisser Hinsicht ein auf China konzentriertes Denken. Ja, China ist ein großes Land. Sie können Europa in kultureller Hinsicht und vielen weiteren Aspekten ausreichend konfrontieren. Sie schauen auf Japan herab. Aus der Sicht Chinas ist Japan wie die Insel Kreta oder ein Land ähnlich wie Griechenland in der EU.

*Isono*: Mögen Sie Japan?

*Merkels Schutzwesen*: Ja, ja. Teilweise ja.

*Isono*: Teilweise ja? [Lacht.]

*Cho*: Was halten Sie vom Konfuzius-Institut[6] in Ihrem Land? Ich glaube, Sie haben viele. Wie in Japan und in den USA. Diese Art der ideologischen Infiltration in Ihrem Land ist wichtig ...

*Merkels Schutzwesen*: Konfuzianisches Denken ist keine Philosophie. Es ist eine Lehre, nur eine Lehre. Du kannst sie auswendig lernen, verstehen und einfach nutzen. Aber die deutsche Philosophie ist das Denken, das individuelle Denken. Es hängt vom individuellen Denken ab, also ist es ein wenig anders.

Sogar der Konfuzianismus; Sie denken, er sei gut, und Sie wollen Xi Jinping bitten, den Konfuzianismus anstelle der Kriegsphilosophie von Sunzi (Sun-Tzu) zu lernen, aber selbst der Konfuzianismus ist eine totalitäre Einstellung. Er ist ein Managementsystem und baut die Nation in

---

6   Ein Bildungsinstitut, das 2004 von der chinesischen Regierung gegründet wurde, um die chinesische Sprache und Kultur zu fördern. Das Institut hat Standorte auf der ganzen Welt und viele von ihnen befinden sich auf Universitätsgeländen. Insgesamt gibt es über 500 Standorte in etwa 140 Ländern (Stand: Dezember 2006). Einige Leute behaupten, dass das Institut Denkweisen der Kommunistischen Partei Chinas verbreitet und Spionage betreibt.

einer Theorie auf. Also denke ich, dass er nicht so demokratisch ist.

*Ayaori*: Wie bewerten Sie Premierminister Abe?

**Merkels Schutzwesen**: Premierminister Abe? Hmm, er ist berühmt wegen seiner langen Regierungszeit. Normalerweise wechselt der japanische Premierminister jährlich, sodass sich niemand ihre Namen merken kann, aber Herr Abe ist berühmt.

Das ist gut für Sie, aber er ist in der EU nicht so beliebt. Er schaut nur auf die Vereinigten Staaten. Und meiner Meinung nach zielt er darauf ab, die Remilitarisierung Japans zu realisieren. Er ist von Geistern der japanischen Reichsarmee besessen. Vielleicht.

# KAPITEL ZEHN

## MERKELS VERGANGENES LEBEN – EIN GROSSER PHILOSOPH, DER NACH EWIGEM FRIEDEN SUCHTE

*Isono*: Ich möchte Sie nach Ihrem spirituellen Geheimnis fragen.

*Merkels Schutzwesen*: Oh. Spirituelles Geheimnis. Hmm.

*Isono*: Vor Beginn dieser Sitzung sagte Meister Okawa: „Heute wird ein erstaunlicher Tag."

*Merkels Schutzwesen*: Aha. Ja.

*Isono*: Was glauben Sie, was er meint?

*Merkels Schutzwesen*: Hmm. Es bedeutet, dass ich nicht Er und nicht Sie bin. Ich bin ein Mensch.

*Isono*: Bedeutet das, dass Sie eine Existenz jenseits der Geschlechter sind?

*Merkels Schutzwesen*: Nein, nein, nein.

*Isono*: Was meinen Sie?

*Merkels Schutzwesen*: Hahahaha. Ja, Angela Merkel ist jetzt eine Dame. Aber ihr Schutzwesen ist ein Mann.

*Isono*: Also sind Sie ein Mann.

*Merkels Schutzwesen*: Ja, männlich.

*Isono*: Wenn möglich, könnten Sie uns bitte Ihren Namen verraten?

*Merkels Schutzwesen*: Oh, den wissen Sie bereits. Sie kennen natürlich meinen Namen. Alle Japaner kennen meinen Namen.

*Isono*: Könnten Sie uns einen Tipp oder Hinweis geben? In welcher Zeit?

*Merkels Schutzwesen*: Ich bin Philosoph.

*Cho*: Kant?

*Merkels Schutzwesen*: Ah, Immanuel Kant.[7] Also bin ich nicht so gut in Wirtschaft, wissen Sie?

---

[7] Immanuel Kant (1724-1804) war ein deutscher Philosoph. Er befürwortete kritische Philosophie in seinen drei Werken *Kritik der reinen Vernunft*, *Kritik der praktischen Vernunft* und *Kritik der Urteilskraft*. Kant wird als Vater des deutschen Idealismus angesehen und beeinflusste die spätere westliche Philosophie stark. Die Ideen in seinem Werk *Zum ewigen Frieden* beeinflussten die Gründung des Völkerbundes. Kant ist seit der Anfangszeit von Happy Science ein unterstützender Geist. Vier Bücher mit spirituellen Botschaften von Kant

*Isono*: Also wurde Immanuel Kant als Kanzlerin Angela Merkel wiedergeboren.

*Merkels Schutzwesen*: Ja, das stimmt.

*Isono*: Ja, es ist eine erstaunliche Tatsache. Das ist es.

*Merkels Schutzwesen*: Ja. Ihr Meister hat es vorhergesagt. Ich habe bereits meine spirituellen Bücher veröffentlicht ...

*Isono*: Ja. Die Spirituelle Botschaft.

*Merkels Schutzwesen*: ...in Ihrer Gruppe. Also, ich bin auch ein Führungswesen von Happy Science.

*Isono*: Ah, ich verstehe. Der Meister sagte, dass Sie auch Japanisch sprechen können.

*Merkels Schutzwesen*: Ja, natürlich.

*Isono*: Also, das bedeutet ...

*Merkels Schutzwesen*: Hanaseruyo („Ich kann sprechen" auf Japanisch), natürlich.

---

wurden bereits von Happy Science veröffentlicht. Siehe auch Seite 60 in diesem Buch.

 Ryuho Okawa, *Ryuho Okawas Sammlung 9. Band: Spirituelle Botschaften von Sokrates, Spirituelle Botschaften von Kant* (Tokio: Happy Science, 1999). Nur an den Standorten von Happy Science erhältlich.

 Ryuho Okawa, *Reisei to Kyouiku – Koukai Reigen Rousseau, Kant, Steiner* (wörtlich: Spiritualität und Bildung – Öffentlich aufgenommene spirituelle Interviews mit Rousseau, Kant und Steiner) (Tokio: IRH Press, 2010).

 Ryuho Okawa, *Kant „Keimo towa nani ka" Hihan* (wörtlich: Kritik zu Kants „Was ist Aufklärung?") (Tokio: IRH Press, 2014).

 Ryuho Okawa, *Kritik der aktuellen Weltgeschichte: Immanuel Kants Ratschläge vom Himmel* (Tokio: Happy Science, 2016). Die englische Übersetzung ist nur an Standorten von Happy Science verfügbar.

*Isono*: [Lacht.] Nein, bitte sprechen Sie diesmal auf Englisch[8].

*Merkels Schutzwesen*: Ich bin *hikari no tenshi ne. Dakara nihongo shabereru ne* („ein Engel des Lichts, also kann ich Japanisch sprechen" auf Japanisch).

[Interviewer und Publikum lachen.]

*Merkels Schutzwesen*: Ich kann Japanisch sprechen, weil ich ein Engel des Lichts bin.

*Isono*: Das bedeutet, dass Sie einmal Japaner waren? Sind Sie einmal in Japan geboren? Ist es …

*Merkels Schutzwesen*: In Japan? Hmm … Nein, ich bin Europäer, das war ich. Aber die Japaner haben viel von mir gelernt.

*Isono*: Ja. Wir haben studiert …

*Merkels Schutzwesen*: Ja, Meiji-, Taisho- und Showa-Zeit. Und jetzt gibt es nichts mehr von mir zu lernen.

*Ayaori*: Ihr Ziel, in diesem Zeitalter geboren zu werden, ist es, Frieden in Europa zu schaffen?

---

8    Das Interview wurde auf Englisch geführt.

*Merkels Schutzwesen*: Ich bin der Ursprung des Gedanken zum Aufbau der Vereinten Nationen, und die kleinen Vereinten Nationen sind die EU, also bin ich erschienen.

*Ayaori*: Wollen Sie im nächsten Jahrhundert eine Weltregierung?

*Merkels Schutzwesen*: Ja, eine Kant-ähnliche Regierung. Wir sind mit dem Thema China konfrontiert. Sie mögen China nicht und haben eine Politik zur Eindämmung Chinas. Aber ich habe eine Idee, wie man Geld von China stehlen kann. Also saugen wir wie Dracula das Blut aus China.

*Isono*: Also stiehlt Deutschland jetzt Chinas Reichtum?

*Merkels Schutzwesen*: Ja, ja. Heute wollen sie Mercedes-Benz oder die hoch entwickelten Technologien oder Waren der Deutschen, also bewundern sie Deutschland. Aber es wird sie modernisieren und verwestlichen. Und am Wendepunkt werden sie sich ändern.

Karl Marx ist kein guter Deutscher, aber sein Einfluss ist immer noch in China sichtbar. Also haben sie Respekt vor Deutschland. Ihr politisches Denken stammt von Karl Marx, also werden wir China an der Wende verändern. Deshalb ist es egal. Ich kann, wir können China verändern.

Japan hat bereits die Philosophie von Kant studiert. Sie ist jetzt altmodisch, aber sie hat wirklich moderne japanische Denkstrukturen hervorgebracht, sodass Japan zu dieser Zeit China führen kann.

*Ayaori*: Ich denke, Präsident Trump und Bundeskanzlerin Merkel können zusammenarbeiten. Das wird die Welt wohlhabend und friedlich machen.

*Merkels Schutzwesen*: Er ist ein Mann des Sexes, aber ich bin ein Mann der Philosophie.

*Isono*: Aber Präsident Trump war in seinem vergangenen Leben Präsident George Washington, der erste Präsident.[9]

---

[9]    Spirituelle Ermittlungen von Happy Science haben ergeben, dass Präsident Trump in seinem vergangenen Leben George Washington war. Siehe Kapitel 3 und 4 in Ryuho Okawa, *The Trump Secret: Seeing Through the Past, Present, and Future of the New American President* (wörtlich: Das Trump-Geheimnis: Die Vergangenheit, Gegenwart und Zukunft des neuen amerikanischen Präsidenten durchschauen) (New York: IRH Press, 2017).

*Merkels Schutzwesen*: Wirklich? Oh, wirklich? Er ist ein sehr armer Bauer.

*Isono*: [Lacht.] Ja, aber Präsident Trump hilft HERRN El Cantare bei seinen Ideen und Plänen, also helfen Sie ihm bitte und …

*Merkels Schutzwesen*: Ah, er sollte mehr lernen. Er kann Kants Philosophie nicht verstehen, also braucht er ein talentierteres Gehirn. Er muss wiedergeboren werden.

*Ayaori*: Wenn Sie noch ein paar Jahre an der Macht sein wollen, sollten Sie mit ihm zusammenarbeiten.

*Merkels Schutzwesen*: Ich weiß. Natürlich kann ich der Lehrer von Donald Trump sein, aber er wird mich nicht hören. Er ist ein schlechter Schüler, also wird er es nie tun.

*Isono*: Okay. Die Zeit ist fast abgelaufen, also könnten Sie zum Schluss eine Botschaft an die Menschen in Deutschland und in der EU richten?

*Merkels Schutzwesen:* Oh, okay. [Seufzt.] Bitte denken Sie daran: Sie, die modernen Japaner, verdanken Deutschland viel und jetzt ist es an der Zeit, es Deutschland zurückzugeben. Ich danke Ihnen vielmals. [Lacht.]

*Isono*: In Ordnung, vielen Dank.

*Merkels Schutzwesen*: *Mou iika ne?* („Ist das genug?" auf Japanisch.)

[Publikum lacht.]

*Merkels Schutzwesen*: *Mou, eigo wa tsukareru wa* („Es ist lästig, auf Englisch zu sprechen" auf Japanisch.) *Mou iika ne?* Okay?

*Isono*: *Yoroshii desu ka? Hai. Saigo ni, sousai sensei ga kondo doitsu ni ikaremasu keredomo, nanika, ossharitaikoto toka arimasuka?* („Ist das okay? Okay. Zuletzt: der Meister geht bald nach Deutschland, also haben Sie ihm etwas zu sagen?" auf Japanisch.)

*Merkels Schutzwesen*: Bitte loben Sie Angela Merkel. „Sie ist die mächtigste Dame der Welt, in diesem Jahrhundert." Wenn Ihr Meister das gesagt hat, ist es genug.

*Isono*: Okay, vielen Dank.

*Merkels Schutzwesen*: Danke. [Klatscht einmal.]

*Ayaori*: Vielen Dank.

*Merkels Schutzwesen*: Auf Wiedersehen.

# KAPITEL ELF

# NACH DEM SPIRITUELLEN INTERVIEW

*Ryuho Okawa*: Das ist also die Wahrheit. Ich wusste, dass er es war, aber er hat es uns bis zum Ende nicht verraten.

Ich bin auch ein wenig schockiert. Als ich vorher in der Garderobe mit dem Schutzwesen sprach, fragte ich es: „Können Sie Japanisch sprechen?" „Ja." „Wer sind Sie?" Es sagte: „Kant." Ich war überrascht. Aber ich musste ein spirituelles Interview mit Merkel führen, nicht mit Kant, da wir bereits ein spirituelles Interview mit Kant veröffentlicht haben. Deshalb konnte ich nicht wirklich zulassen, dass es in dieser Sitzung um ihn ging.

Ich glaube nicht, dass sie sehr gut in der Politik ist, die sich mit dem Tagesgeschehen beschäftigt. Sie kommt aus der DDR und der Kommunismus ist theoretisch genug, dass jemand, der wie ein Physiker denkt, in der Lage ist, ihn zu begreifen. Dafür ist sie wahrscheinlich eher geeignet und ich glaube, dass sie noch immer eine solche Denkweise hat. Ich glaube nicht, dass sie Trumps Alchemie-ähnliche Fähigkeit, etwas in Geld zu verwandeln, zu schätzen weiß.

Kant war ein einsamer Philosoph, also könnte es für ihn schwer sein. Ich bin sicher, Merkels Leben ist eine harte Prüfung. Die Idee, die dem Völkerbund zugrunde lag, kam von Kant und basierte auf seinem Werk Zum ewigen Frieden. Tatsächlich ist der Völkerbund gescheitert und sein Nachfolger, die UNO, arbeitet nicht gut genug. Dann kam die EU, aber die Dinge sind ziemlich schwierig. Ich schätze, sie wird sowohl Theorie als auch Praxis durchmachen.

Ich schätze, dass ihre Ambitionen gut sind, aber in Wirklichkeit gibt es viel mehr Schwierigkeiten: Es ist schwer, die Dinge gut zu organisieren, wenn man ein paar Dutzend Länder zusammenbringt, die verschiedene Sprachen sprechen. Die Kontrolle durch so etwas wie die Regierung in Brüssel ist ziemlich entmutigend.

Vor einiger Zeit erwähnte jemand, dass es so ist, als würde Kobe[10] ganz Japan regieren. Kobe

---

[10]   Kobe ist eine Großstadt in Japan mit der Einwohnerzahl von etwa 1.5 Mio.

ist besser, weil es eigentlich mehr wie Oita[11] sein könnte. Es ist schwierig, eine Idee für alle Länder zu entwickeln. Solche Probleme müssen gelöst werden. Ideale müssen als Ideale verfolgt werden, aber in Wirklichkeit ist es nicht so einfach, die fast 200 Länder der Welt zusammenzubringen.

Ich weiß nicht, ob dieses spirituelle Interview veröffentlicht wird oder nicht. Sie mag vielleicht schon aufgegeben haben, wenn sie Selbstvertrauen gewinnt [lacht], aber ich würde mich freuen, wenn sie uns einige Lektionen geben würde, aus denen wir lernen könnten.

Wir haben derzeit unterschiedliche Meinungen darüber, wie wir mit China umgehen sollen. Ich schätze, dass China für Deutschland nicht so gefährlich ist. Sie können sich nicht vorstellen, dass China Raketen auf sie abfeuert, Russland hingegen schon. Das ist es, was sie denken. Unsere Ansichten sind in dieser Hinsicht unterschiedlich, daher müssen wir uns überlegen, was wir von nun an tun müssen.

---

[11]  Oita ist eine der Präfekturen Japans mit der Einwohnerzahl von etwa 1.1 Mio.

Aber es ist gut, dass eine so große „Kaiserin" erschienen ist. Es könnte einen Nachfolger geben, der Deutschland Wohlstand bringen wird. [Klatscht zweimal] Okay.

# WAS IST EINE
# SPIRITUELLE BOTSCHAFT?

Wir sind alle Geistwesen, die auf der Erde leben. Hier werden wir den Mechanismus hinter den spirituellen Botschaften von Meister Okawa zeigen.

## 1. Sie sind ein Geistwesen

Menschen werden in diese Welt geboren, um durch verschiedene Erfahrungen Weisheit zu erlangen, und am Ende ihres Lebens in die andere Welt zurückzukehren. Wir sind alle Geistwesen und wiederholen diesen Kreislauf, um unsere Seele weiterzuentwickeln.

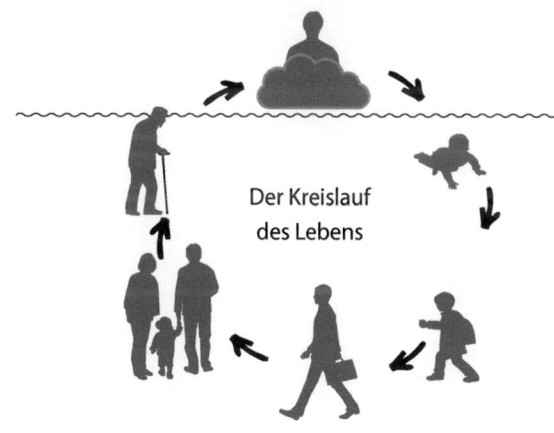

Der Kreislauf
des Lebens

## 2. Sie haben ein Schutzwesen

Schutzwesen sind diejenigen, die Menschen auf Erden schützen. Jeder hat ein Schutzwesen, das über ihn aus der anderen Welt heraus wacht und ihn leitet. Sie waren wir in unserem letzten Leben und denken deshalb genau wie wir.

## 3. Wie spirituelle Botschaften funktionieren

Da Schutzwesen auf der gleichen unterbewussten Ebene wie der auf der Erde lebende Mensch denken, kann Meister Okawa die Wesen zu sich rufen und herausfinden, was die Person auf Erden wirklich denkt. Oder, wenn die Person schon in die andere Welt zurückgekehrt ist, kann das Geistwesen durch Meister Okawa Nachrichten an Menschen, die auf Erden leben, übermitteln.

1 Das Schutzwesen / Geistwesen in der anderen Welt

2 geht in Meister Okawa in dieser Welt hinein

3 Meister Okawa spricht die Worte des Schutzwesens / Geistwesens

# ÜBER DEN AUTOR

RYUHO OKAWA ist Gründer und Vorsitzender der globalen Bewegung Happy Science und internationaler Bestsellerautor mit einem einfachen Ziel: Menschen zu helfen, wahres Glück zu finden und eine bessere Welt zu schaffen.

Sein tiefes Mitgefühl und Verantwortungsbewusstsein für das Glück jedes Einzelnen hat ihn dazu veranlasst, über 2.400 Werke mit religiösen, spirituellen und Selbstentwicklungslehren zu veröffentlichen, die ein breites Spektrum von Themen abdecken, z.B. wie unsere Gedanken die Realität beeinflussen, die Natur der Liebe und der Weg zur Erleuchtung. Die östliche Weisheit, die Okawa bietet, hilft uns, einen neuen Weg zum Lösen der Probleme zu finden, mit denen wir momentan persönlich und global konfrontiert sind. Er schreibt auch über die Themen Management und Wirtschaft sowie über das Verhältnis von Religion und Politik im globalen Kontext. Bis heute wurden die Bücher von Okawa weltweit über 100 Millionen Mal verkauft und in 30 Sprachen übersetzt.

Okawa hat sich der Verbesserung der Gesellschaft und der Schaffung einer besseren Welt verschrieben. 1986 gründete Okawa Happy Science als eine spirituelle Bewegung, die sich das Ziel gesetzt hat, der Menschheit mehr Glück zu bringen, indem sie Religionen und Kulturen vereint, um in Harmonie zu leben. Happy Science hat sich von seinen Anfängen in Japan schnell zu einer weltweiten Organisation mit über 12 Millionen Mitgliedern in mehr als 100 Ländern entwickelt. Okawa ist mitfühlend dem spirituellen Wachstum anderer verpflichtet. Neben dem Schreiben und Veröffentlichen von Büchern hält er weiterhin Vorträge auf der ganzen Welt.

# WAS IST EL CANTARE?

El Cantare bedeutet „das Licht der Erde" und ist der Höchste Gott der Erde, der die Menschheit seit Beginn der Schöpfung führt. Er ist es, den Jesus Vater genannt hat, und seine Bruderseelen, wie Buddha und Hermes, sind viele Male auf die Erde herabgestiegen und haben vielen Zivilisationen zu ihrer Blüte verholfen. Um verschiedene

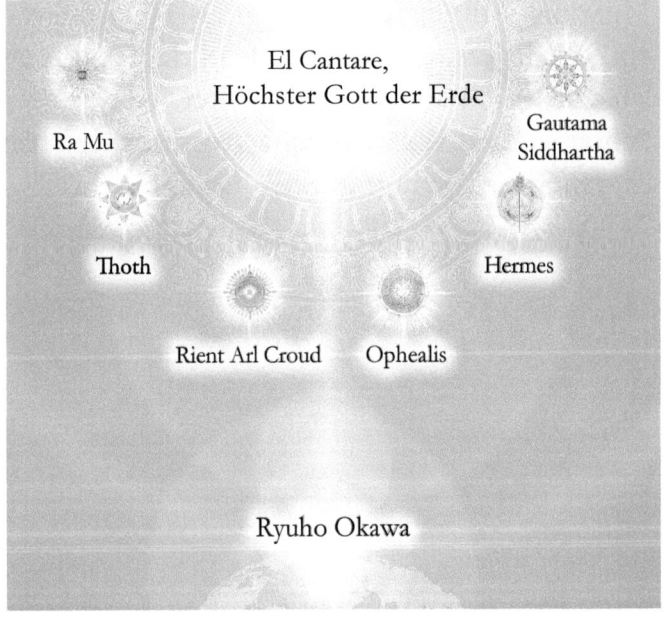

El Cantare,
Höchster Gott der Erde

Ra Mu

Gautama
Siddhartha

Thoth

Hermes

Rient Arl Croud     Ophealis

Ryuho Okawa

Religionen zu vereinen und verschiedene For-
schungsbereiche zu integrieren, um eine neue
Zivilisation auf der Erde aufzubauen, ist ein Teil
des Kernbewusstseins als Meister Ryuho Okawa
auf die Erde gekommen.

## Buddha

Gautama Siddhartha wurde vor rund 2.600 Jahren als Prinz in den Shakya-Clan in Indien geboren. Als er 29 Jahre alt war, verzichtete er auf die
Welt und suchte die Erleuchtung. Später erlang-
te er die Große Erleuchtung und gründete den
Buddhismus.

## Hermes

In der griechischen Mythologie gilt Hermes als
einer der 12 olympischen Götter, aber die spirituelle Wahrheit ist, dass er vor etwa 4.300 Jahren
die Lehren der Liebe und des Fortschritts lehrte,
die der Ursprung des Aufstiegs der westlichen
Zivilisation wurden. Er ist ein Held, der wirklich
existiert hat.

## Ophealis

Ophealis wurde vor etwa 6.500 Jahren in Griechenland geboren und war der Führer, der eine
Expedition bis nach Ägypten unternahm. Er ist

der Gott der Wunder, des Wohlstands und der Kunst und wird in der ägyptischen Mythologie als Osiris bezeichnet.

## Rient Arl Croud

Rient Arl Croud wurde vor etwa 7.000 Jahren als König des alten Inkareiches geboren und lehrte über die Geheimnisse des Geistes. In der himmlischen Welt ist er für die Wechselwirkungen zwischen verschiedenen Planeten verantwortlich.

## Thoth

Thoth war ein allmächtiger Führer, der vor etwa 12.000 Jahren das goldene Zeitalter der atlantischen Zivilisation aufbaute. In der ägyptischen Mythologie ist er als Gott Thoth bekannt.

## Ra Mu

Ra Mu war ein Anführer, der vor etwa 17.000 Jahren das goldene Zeitalter der Zivilisation von Mu aufbaute. Als religiöser Führer und Politiker regierte er, indem er Religion und Politik vereinte.

# ÜBER HAPPY SCIENCE

Happy Science ist eine globale Bewegung, die Individuen befähigt, einen Sinn und spirituelles Glück zu finden und dieses Glück mit ihren Familien, Gesellschaften und der Welt zu teilen.

Mit mehr als zwölf Millionen Mitgliedern auf der ganzen Welt zielt Happy Science darauf ab, das Bewusstsein für spirituelle Wahrheiten zu schärfen und unsere Fähigkeit zu Liebe, Mitgefühl und Freude zu erweitern, damit wir gemeinsam die Art von Welt schaffen können, in der wir alle leben wollen.

Die Aktivitäten von Happy Science basieren auf den Prinzipien des Glücklichseins (Liebe, Weisheit, Selbstreflexion und Fortschritt). Diese Prinzipien umfassen weltweite Philosophien und Überzeugungen und überschreiten die Grenzen von Kultur und Religion.

**Liebe** lehrt uns, etwas aus freien Stücken zu geben, ohne etwas als Gegenleistung zu erwarten; sie umfasst das Geben, Inspirieren und Vergeben.

**Weisheit** führt uns zu den Einsichten spiritueller Wahrheiten und öffnet uns für den wahren Sinn des Lebens und den Willen Gottes (das Universum, die höchste Macht, Buddha).

**Selbstreflexion** ermöglicht eine achtsame, wertfreie Sicht unseres Denkens und Handelns, die uns hilft, unser wahres Selbst – das Wesen unserer Seele – zu finden und unsere Verbindung zur höchsten Macht zu vertiefen. Sie hilft uns, einen reinen und friedlichen Geist zu erlangen und führt uns auf den richtigen Lebensweg.

**Fortschritt** betont die positiven, dynamischen Aspekte unseres spirituellen Wachstums und Maßnahmen, die wir ergreifen können, um Glück in der ganzen Welt zu manifestieren und zu verbreiten. Es ist ein Weg, der nicht nur unser Seelenwachstum erweitert, sondern auch das kollektive Potenzial der Welt, in der wir leben, fördert.

### Programme und Veranstaltungen

Die Türen von Happy Science stehen allen offen. Wir bieten eine Vielzahl von Programmen und Veranstaltungen an, darunter Programme zur Selbsterforschung und zum Selbstwachs-tum, spirituelle Seminare, Meditations- und Kontemplationssitzungen, Studiengruppen und Buchveranstaltungen.

Unsere Programme sind auf Folgendes aus-gerichtet:

* Ihr Verständnis für Ihren Zweck und Sinn im Leben vertiefen
* Ihre Beziehungen verbessern und Ihre Fähig-keit, bedingungslos zu lieben, steigern
* Seelenfrieden gewinnen, Angst und Stress ab-bauen und sich positiv fühlen
* Tiefere Einblicke und eine breitere Perspekti-ve auf die Welt gewinnen
* Lernen, wie Sie die Herausforderungen des Lebens meistern können
  ... und vieles mehr.

Weitere Informationen finden Sie unter
*www.happy-science.org*

## Internationale Seminare

Jedes Jahr nehmen Freunde aus der ganzen Welt an unseren internationalen Seminaren teil, die in unseren Glaubenszentren in Japan stattfinden. Jedes Jahr werden verschiedene Programme angeboten, die eine Vielzahl von Themen abdecken, darunter die Verbesserung von Beziehungen, das Üben des Edlen Achtfachen Pfades zur Erleuchtung und die Liebe zu sich selbst, um nur einige zu nennen.

## Happy Science Monthly

Happy Science veröffentlicht regelmäßig verschiedene Zeitschriften für Leser auf der ganzen Welt. Die *Happy Science Monthly*, die sich mittlerweile über 200 Ausgaben erstreckt, enthält die neuesten Vorträge von Meister Okawa, Worte der Weisheit, Geschichten über bemerkenswerte lebensverändernde Erfahrungen, Weltnachrichten und vieles mehr, um Mitglieder und ihre Freunde zu einem glücklicheren Leben zu führen. Es ist in vielen anderen Sprachen verfügbar, darunter Portugiesisch, Spanisch, Französisch, Deutsch, Chinesisch und Koreanisch.

Die *Happy Science Basics* hingegen ist eine „themenbezogene" Broschüre, die in einem leicht lesbaren Stil für Neuankömmlinge bei Happy Science erstellt wurde. Deshalb ist sie ebenfalls ideal, um sie an Freunde und Verwandte weiterzugeben. Sie können die neuesten Ausgaben bei Happy Science abholen, sie abonnieren, um sie sich zustellen zu lassen (siehe unsere Kontaktseite) oder sie online ansehen. *

\* Online-Ausgaben der *Happy Science Monthly* und der *Happy Science Basics* können eingesehen werden unter:
*info.happy-science.org/kategorie/magazine/*

Weitere Informationen finden Sie unter
*www.happy-science.org*

# HAPPY SCIENCE UNIVERSITY

## Der Gründungsgeist und das Ziel der Ausildung

Basierend auf der Gründungsphilosophie der Universität, „Erforschung des Glücks und die Erschaffung einer neuen Zivilisation", werden Bildung, Forschung und Studium angeboten, um den Studenten zu helfen, ein tiefes Verständnis zu erlangen. Die Ausbildung basiert auf religiösem Glauben und fortgeschrittenem Fachwissen und hat sich selbst zum Ziel gesetzt, „große Talente der Tugend" zu schaffen, die in einer weitreichenden Weise dazu beitragen können, Japan und der internationalen Gesellschaft zu dienen.

## FAKULTÄTEN
### Fakultät für menschliches Glück

Die Studierenden dieser Fakultät werden die freie Kunst aus verschiedenen Perspektiven mit einem multidisziplinären Ansatz verfolgen, einen Idealzustand von Mensch und Gesellschaft erforschen und sich diesen vorstellen.

### Fakultät für erfolgreiches Management

Diese Fakultät zielt darauf ab, erfolgreiches Management zu realisieren, das Unternehmen hilft, Wert und Reichtum für die Gesellschaft zu schaffen und zum Glück und zur Entwicklung von Management und Mitarbeitern sowie der Gesellschaft als Ganzes beizutragen.

### Fakultät für Zukunftsgestaltung

Die Studierenden dieser Fakultät studieren Fächer wie Politikwissenschaft, Journalismus, darstellende Kunst und künstlerischen Ausdruck und erforschen und präsentieren neue politische und kulturelle Modelle, die auf Wahrheit, Güte und Schönheit basieren.

## Fakultät für Zukunftsindustrie

Diese Fakultät zielt darauf ab, Ingenieure zu fördern, die verschiedene Probleme der modernen Zivilisation aus technologischer Sicht lösen und zur Schaffung neuer Zukunftsbranchen beitragen können.

# HAPPY SCIENCE ACADEMY
## Mittel- und Oberstufe der High School

Die Happy Science Academy Junior und Senior High School ist ein Internat, das mit dem Ziel gegründet wurde, die zukünftigen Führungskräfte der Welt auszubilden, die große Visionen haben, beharrlich arbeiten und neue Herausforderungen annehmen können.

Derzeit gibt es zwei Campusse in Japan: den Nasu-Hauptcampus in der Präfektur Tochigi, gegründet 2010, und den Kansai-Campus in der Präfektur Shiga, gegründet 2013.

**Nasu-Hauptcampus**     **Kansai-Campus**

# GLÜCKSREALISIERUNGSPARTEI

Die Glücksrealisierungspartei (GRP) wurde im Mai 2009 von Meister Ryuho Okawa als Teil der Happy Science Gruppe gegründet, um konkrete und proaktive Lösungen für die aktuellen Probleme Japans wie die militärischen Bedrohungen durch Nordkorea und China und die langfristige wirtschaftliche Rezession anzubieten. Ziel der GRP ist es, drastische Reformen der japanischen Regierung durchzuführen und damit Frieden und Wohlstand für Japan zu schaffen. Um dies zu erreichen, schlägt die GRP zwei Schlüssel-richtlinien vor:

1) Starkung der nationalen Sicherheit und der Japan-USA-Allianz, die eine entscheidende Rolle für die Stabilität Asiens spielt.

2) Verbesserung der japanischen Wirtschaft durch drastische Steuersenkungen, geldpolitische Lockerungsmaßnahmen und die Schaffung neuer Großindustrien.

Die GRP befürwortet, dass Japan zum Vorbild einer religiösen Nation werden sollte, die die Koexistenz verschiedener Werte und Überzeugungen ermöglicht und zum globalen Frieden beiträgt.

Weitere Informationen finden Sie unter
*en.hr-party.jp*

## SOZIALE ENGAGEMENTS

Happy Science befasst sich mit sozialen Themen wie Selbstmord und Mobbing und leitet von Herzen kommende, präzise und schnelle Rettungsaktionen nach großen Katastrophen ein.

### Der HS-Nelson-Mandela-Fonds

Die Happy Science Gruppe leistet über diesen Fonds Katastrophen- und Bildungshilfe im Ausland. Wir haben diesen nach der Veröffentlichung von *Nelson Mandelas letzter Botschaft an die Welt*, einer spirituellen Botschaft des verstorbenen Nelson Mandela, im Jahr 2013 eingerichtet. Der Fonds leistet aktiv materielle und spirituelle Hilfe für Menschen im Ausland, Unterstützung für Opfer von Rassendiskriminierung, Armut, politischer Unterdrückung, Naturkatastrophen und mehr.

**Beispiele für die Verwendung des Fonds:**

Es wurden Zelte im ländlichen Nepal bereitgestellt.

Es wurde Nahrung und Wasser unmittelbar nach dem Erdbeben in Nepal bereitgestellt.

Es wurde in Zusammenarbeit mit der Nelson-Mandela-Stiftung eine Containerbibliothek an eine südafrikanische Grundschule gespendet.

**Wir helfen weltweit beim Wiederaufbau und im Bildungsbereich nach einer Katastrophe.**

**Nepal**: Nach dem Erdbeben in Nepal im Jahr 2015 boten wir umgehend unseren lokalen Tempel als vorübergehendes Evakuierungszentrum an und nutzten unser globales Netzwerk, um Wasser, Nahrung und Zelte zu senden. Wir werden den Wiederaufbau weiterhin über den HS-Nelson-Mandela-Fonds unterstützen. Darüber hinaus haben wir mit dem nepalesischen Botschafter in Japan zusammengearbeitet, um einen Teil des Gewinns aus dem Film *Die Wiedergeburt des Buddha* für den Bau von Schulen und die Bildungsunterstützung in Nepal, dem Geburtsort von Buddha, zur Verfügung zu stellen.

**Sri Lanka**: Unterstützung beim Wiederaufbau von durch den Tsunami beschädigten Schulgebäuden. Darüber hinaus wurden mit Hilfe des srilankischen Premierministers 100 Bücherregale an buddhistische Tempel gespendet.

**Indien:** Laufende Hilfe seit 2006 – Uniformen, Schulspeisungen usw. für Schulen in Bodh Gaya, einem heiligen Boden für den Buddhismus. Medizinische Hilfe in Kalkutta, in Zusammenarbeit mit lokalen Krankenhäusern.

**China**: Zelt und Geldspenden für das Erdbebengebiet Szechuan. Zusätzlich wurden Bücher an Grundschulen in der Provinz Gansu, nahe der Katastrophenzone, gespendet.

**Malaysia**: Spenden von Geld, Lehrmaterial und Kleidung an lokale Waisenhäuser. Hilfsgüter wurden in Gebiete im Nordosten Malaysias, dem Ort der Überschwemmungen von 2015, geschickt.

**Thailand**: Errichtung von Bibliotheken und Bücherspenden an Grund- und Mittelschulen, die durch Überschwemmungen in Ayutthaya beschädigt wurden.

**Indonesien**: Spenden für das Erdbebengebiet Sumatra-Andaman.

**Philippinen**: Spenden von Büchern und Elektroventilatoren an Grundschulen auf Leyte im Juli 2015. Hilfeleistung nach dem Taifun Haiyan (Yolanda) und Spende von 5.000 Gesundheits- und Hygienesets.

**Uganda**: Spenden von Lehrmaterialien und Moskitonetzen zum Schutz der Kinder vor Malaria. Vergabe von Stipendien an Waisenkinder mit AIDS-Diagnose.

**Kenia**: Spenden von englischen Kopien der Happy-Science-Bücher „Sei unbesiegbar", „Die unerschütterliche Gesinnung" und „Das Gesetz des Erfolgs an Schulen". (Vom kenianischen Bildungsministerium im Juli 2014 als ergänzender Text bezeichnet.)

**Ghana**: Medizinische Versorgung als Präventivmaßnahme gegen Ebola.

**Südafrika**: Zusammenarbeit mit der Nelson-Mandela-Stiftung in Südafrika, um eine Containerbibliothek und Bücher für eine Grundschule zu spenden.

**Australien**: Spenden an das von der Flut im Jahr 2011 betroffene nordöstliche Gebiet (über die Australische Botschaft).

**Neuseeland**: Spenden an das vom Erdbeben im Februar 2011 betroffene Gebiet (über die neuseeländische Botschaft).

**Iran:** Spenden an das vom Erdbeben im Oktober 2012 betroffene Gebiet im Nordosten des Landes (über die iranische Botschaft).

**Brasilien**: Spenden an das vom Hochwasser im Januar 2011 betroffene Gebiet.

# WEITERE AKTIVITÄTEN

Happy Science unternimmt andere Aktivitäten,

um Bedürftigen zu helfen.

## YOU ARE AN ENGEL!
### Allgemeiner eingetragener Verein

Happy Science hat in Japan ein Freiwilligennetz-
werk, das behinderte Kinder sowie deren Eltern
und Erziehungsberechtigte fördert und unterstützt.

## „NEVER MIND"-SCHULE FÜR SCHULSCHWÄNZER

Bei *„Never Mind"* unterstützen wir Schüler, die
es sehr schwierig finden, Schulen in Japan zu besuchen. Wir fördern auch ihren Selbsthilfegeist
und ihre Kraft, sich gegen Hindernisse im Leben
zu wehren, basierend auf den Lehren und dem
Glauben von Meister Okawa.

## KAMPAGNE ZUR PRÄVENTION VON SELBSTMORD (seit 2003)

Eine landesweite Kampagne zur Reduzierung
von Selbstmorden; über 20.000 Menschen

begehen jedes Jahr in Japan Selbstmord. Die Selbstmord-Präventionswebseite „Worte der Wahrheit für dich" präsentiert spirituelle Rezepte für Sorgen wie Depressionen, verlorene Liebe, außereheliche Affären, Mobbing und arbeitsbedingte Probleme und rettet so viele Leben.

## UNTERSTÜTZUNG VON ANTI-MOBBING-KAMPAGNEN

Happy Science unterstützt eine Gruppe von Eltern und Erziehungsberechtigten, das Netzwerk zum Schutz von Kindern vor Mobbing, eine in Japan gegründete allgemeine Stiftung zur Beendigung von Mobbing, einschließlich solcher, die sogar als Straftat bezeichnet werden können. Bisher hat das Netzwerk mehr als 5.000 Fälle erhalten und 90% davon gelöst.

## DOKUMENTARFILM „VON HERZ ZU HERZ"

In diesem Dokumentarfilm besuchen Studenten der Happy Science University diese NPO-Aktivitäten, um durch aufrichtige Interviews herauszufinden, was Erlösung wirklich bedeutet und was der Sinn des Lebens wirklich ist.

## DAS GOLDEN-AGE-STIPENDIUM

Dieses Stipendium wird an Studenten vergeben, die einen großen Beitrag leisten und der Welt eine hoffnungsvolle Zukunft bringen können.

## SUCCESS NO. 1
### BUDDHAS NACHHILFESCHULE DER WAHRHEIT

Happy Science hat über 180 Klassenzimmer in ganz Japan und in mehreren Städten auf der ganzen Welt, die sich auf die außerschulische Bildung von Kindern konzentrieren. Im Mittelpunkt der Ausbildung stehen Glaube und Moral sowie die Unterstützung des Schulunterrichts.

## ANGEL PLAN V

Für Kinder unter dem Kindergartenalter bietet Happy Science Kurse zur Förderung von gesunden, positiven und kreativen Jungen und Mädchen an.

## Future-Stars-Trainingsabteilung

Die Future-Stars-Trainingsabteilung wurde innerhalb der Happy Science Media Division mit dem Ziel gegründet, talentierte Menschen zu fördern, um in der darstellenden Kunst und Unterhaltungsindustrie erfolgreich zu sein.

NEW STAR PRODUCTION CO., LTD.
ARI PRODUCTION INC.

Wir haben Unternehmen, die Schauspieler/innen, Künstler/innen und Sänger/innen fördern. Sie sind auch an der Filmproduktion beteiligt.

# FILME

Happy Science produzierte und produziert 16 Filme. All diese Projekte wurden vom ausführenden Produzenten und Direktor, Ryuho Okawa, geplant und die Originalgeschichten wurden von ihm geschrieben. Unsere Filme erhielten weltweit verschiedene Preise und Auszeichnungen.

## NEUESTER FILM

*Das Gesetz des Universums – Teil 1*

Das Gesetz des Universums – Teil 1

## AWARENESS FILM FESTIVAL 2018
## SPECIAL JURY
## ANIMATION AWARD

Dieser Film hat „SPECIAL JURY ANIMATI-ON AWARD" auf dem Awareness Film Festival 2018 in Los Angeles erhalten.

## WOCHENENDE KINOKASSEN
## IN JAPAN Nr. 1

Dieser Film wurde gleichzeitig in Nordamerika und Japan veröffentlicht und erreichte die Spitzenposition an der Kinokasse am Startwochenende und dem folgenden Wochenende. (Quelle: Kogyo Tsushinsha)

Für weitere Informationen besuchen Sie bitte
*hspicturesstudio.com*

# FILMOGRAPHIE

Entdecken Sie die spirituelle Welt, die Sie noch nie gesehen haben, und kommen Sie dem Herzen Gottes durch diese Filme näher.

1994
## Die Offenbarungen des Nostradamus
*(Realfilm)*

1997

## Hermes – Liebe weht wie der Wind

*(Animationsfilm)*

2000

## Das Gesetz der Sonne

*(Animationsfilm)*

2003

## Das Goldene Gesetz

*(Animationsfilm)*

2006

## Das Gesetz der Ewigkeit

*(Animationsfilm)*

2009

### Die Wiedergeburt des Buddha

*(Animationsfilm)*

2012

### Das Jüngste Gericht
*(Realfilm)*

2012

### Das Gesetz der Mystik

*(Animationsfilm)*

2015

### Das Gesetz des Universums – Teil 0

*(Animationsfilm)*

2016

### Mir geht es gut, mein Engel
*(Realfilm)*

2017

### Die Welt, in der wir leben
*(Realfilm)*

2018

### Von Herz zu Herz
*(Dokumentarfilm)*

2018
## Vielen Dank, meine Jugend.
## Lebe wohl, meine Jugend.
*(Realfilm)*

2018
## Das Gesetz des Universums – Teil 1
*(Animationsfilm)*

Wenden Sie sich an die nächstgelegene Niederlassung,
um weitere Informationen darüber zu erhalten,
wie Sie HS-Filme ansehen können.

# WEBSEITE
## Offizielle Webseite von Happy Science

Die offizielle Webseite von Happy Science stellt
den Gründer und Vorsitzenden der Organisation,
Ryuho Okawa, sowie Happy-Science-Lehren, Bücher, Vorträge, Tempel, die neuesten Nachrichten
und vieles mehr vor.

 **happy-science.org**

# ÜBER IRH PRESS

IRH Press Co. Ltd., ansässig in Tokio, wurde 1987 als Verlagsabteilung von Happy Science gegründet. IRH Press veröffentlicht religiöse und spirituelle Bücher, Zeitschriften, Magazine und betreibt auch Rundfunk- und Filmproduktionsunternehmen. Weitere Informationen finden Sie unter

*okawabooks.com*

Folgt uns auf
- Facebook: Okawa Books
- Twitter: Okawa Books
- Goodreads: Ryuho Okawa
- Instagram: OkawaBooks
- Pinterest: Okawa Books

## Ryuho Okawas Gesetzesreihe

Die Gesetzesreihe ist ein jährlicher Band von Büchern, der hauptsächlich aus Vorträgen von Ryuho Okawa zu verschiedenen Themen besteht, die jedes Jahr Prinzipien und Richtlinien für die Aktivitäten von Happy Science hervorheben. *Das Gesetz der Sonne*, die erste Veröffentlichung der Gesetzesreihe, rangierte 1994 in der jährlichen Bestsellerliste Japans. Seitdem gehören alle Titel der Gesetzesreihe seit mehr als zwei Jahrzehnten zur jährlichen Bestsellerliste und setzen soziokulturelle Trends in Japan und auf der ganzen Welt.

### Die Trilogie

Die ersten drei Bände der Gesetzesreihe, *Das Gesetz der Sonne*, *Das Goldene Gesetz* und *Der Aufstieg durch die Dimensionen – Die Gesetze der Ewigkeit*, bilden eine Trilogie, die den grundlegenden Rahmen der Lehren der Wahrheiten Gottes vervollständigt. *Das Gesetz der Sonne* diskutiert die Struktur der Gesetze Gottes, *Das Goldene Gesetz* erklärt die Lehre der Zeit, und *Der Aufstieg durch die Dimensionen – Die Gesetze der Ewigkeit* offenbart die Natur des Raumes.

# KONTAKTDATEN

Happy Science ist eine Organisation, die weltweit Glaubenszentren unterhält. Eine vollständige Liste aller Zentren findet sich unter

*www.happy-science.org*

## Berlin (Deutschland)

Rheinstraße 63 · D-12159 Berlin
Tel.: +49 (0) 30 7895 7477
Fax: +49 (0) 30 7895 7478
kontakt@happy-science.de
www.happy-science.de

## Wien (Österreich)

Zentagasse 40-42/1/1b · A-1050 Wien
Tel./Fax: +43 (0) 1 94 55 60 4
austria-vienna@happy-science.org
www.hs-austria.at

## Luzern (Schweiz)

Neustadtstrasse 7 · CH-6003 Luzern
switzerland@happy-science.org
www.happy-science.ch

**Internationale Zentrale**
**Tokio (Japan)**
1-6-7 Togoshi, Shinagawa · Tokio 142-0041
Tel.: +81 (0) 3 6384 5770
Fax: +81 (0) 3 6384 5776
tokyo@happy-science.org
www.happy-science.org

# BÜCHER VON RYUHO OKAWA

## DAS GESETZ DER SONNE
Eine Quelle, ein Planet, eine Menschheit
ISBN 978-4-86395-898-2, € 14,95 [D], € 15,37 [A]

## DAS GOLDENE GESETZ
Die Geschichte der Menschheit
in den Augen des ewigen Buddha
ISBN 978-3942308014, € 16,90 [D], € 17,38 [A]

## DER AUFSTIEG DURCH DIE DIMENSIONEN
Die Gesetze der Ewigkeit
ISBN 978-3898451567, € 11,90 [D], € 12,24 [A]

## DAS GESETZ DER GERECHTIGKEIT
Wie wir Weltkonflikte überwinden und
Frieden stiften können
ISBN 978-4-86395-781-7, € 14,99 [D], € 15,40 [A]

## DAS GESETZ DER MISSION
Die Kraft der Barmherzigkeit
ISBN 978-4-86395-897-5, € 14,95 [D], € 15,37 [A]

## DAS GESETZ DES GLAUBENS
Eine Welt jenseits aller Unterschiede
ISBN 978-4-86395-941-5, € 14,95 [D], € 15,37 [A]

**DANKE, MIR GEHT ES BESTENS!**
Herausforderungen gelassen meistern
ISBN 978-3898453295, € 6,95 [D], € 7,15 [A]

**SELBSTHEILUNG**
Die wahre Beziehung zwischen Geist und Körper
ISBN 978-3942308007, € 11,90 [D], € 12,24 [A]

**WER SEIN LEBEN VERÄNDERT,**
**VERÄNDERT DIE WELT**
Ein spiritueller Leitfaden zum Leben im Jetzt
ISBN 978-3848221080, € 14,90 [D], € 15,32 [A]

**DIE ESSENZ DES BUDDHA**
Der Pfad der Erleuchtung
ISBN 978-3898451093, € 11,90 [D], € 12,24 [A]

**DIE HERAUSFORDERUNG DES GEISTES**
Karma und menschliches Glück
ISBN 978-3898452113, € 11,90 [D], € 12,24 [A]

**DER URSPRUNG DES GLÜCKS**
Ein Ratgeber, um Glück, Liebe,
Weisheit und Vertrauen zu erlangen
ISBN 978-3866160057, € 14,90 [D], € 15,32 [A]

**DER URSPRUNG DER LIEBE**
Vom Wesen des Mitgefühls
ISBN 978-3866160484, € 13,60 [D], € 13,99 [A]

**DER PFAD ZUM GLÜCK**
Wie ihr noch in diesem Leben
zu leibhaftigen Engeln werden könnt
ISBN 978-3732253012, € 7,95 [D], € 8,18 [A]

**DIE HAPPINESS-PRINZIPIEN**
Vier Wege für ein wirklich gutes Leben
ISBN 978-3898454254, € 14,95 [D], € 15,37 [A]

**MANIFEST DER
GLÜCKSREALISIERUNGSPARTEI**
ISBN 978-3735738110, € 11,95 [D], € 12,29 [A]

**DAS GEHEIMNIS HINTER
DER VERGEWALTIGUNG VON NANKING**
Eine spirituelle Beichte von Iris Chang
ISBN 978-1941779590, € 9,86 [D], € 10,14 [A]

**SEI UNBESIEGBAR**
Mit Siegerdenken zu mehr Glück und Erfolg
ISBN 978-3899019322, € 14,95 [D], € 15,37 [A]

**DIE UNERSCHÜTTERLICHE GESINNUNG**
Wie Sie die Schwierigkeiten des Lebens
überwinden können
ISBN 978-3958024533, € 12,99 [D], € 13,36 [A]

## EINLADUNG ZUM GLÜCKLICHSEIN
7 Eingebungen deines inneren Engels
ISBN 978-3958831186, € 14,95 [D], € 15,37 [A]

## SPIRITUELLE BOTSCHAFT VON MARTIN LUTHER
Seine Vision für eine neue Reformation
€ 8,00 [D], € 8,00 [A]
*Erhältlich bei Happy Science.

## DIE WAHRHEITEN ÜBER DIE SPIRITUELLE WELT
Ein Führer zu einem spirituell glücklichen Leben
€ 15,00 [D], € 15,00 [A]
*Erhältlich bei Happy Science.

## DIE WIEDERGEBURT DES BUDDHA
Botschaft Buddhas an seine Schüler
€ 15,00 [D], € 15,00 [A]
*Erhältlich bei Happy Science.

## WOHLSTANDSDENKEN
Die Einstellung entwickeln,
unendlichen Reichtum anzuziehen
€ 15,00 [D], € 15,00 [A]
*Erhältlich bei Happy Science.

## LIEBE FÜR DIE ZUKUNFT
Die Liebe GOTTES, die die Erde führt
ISBN 978-4-86395-264-5, € 9,95 [D], € 10,23 [A]